县级城市土地定级与基准地价评估研究

以沂源县城区为例

主　编 ◎ 唐丽静
副主编 ◎ 李凤坤　赵贤峰

中国出版集团
中国民主法制出版社

全国百佳图书
出版单位

图书在版编目（CIP）数据

县级城市土地定级与基准地价评估研究：以沂源县城区为例/唐丽静主编；李凤坤，赵贤峰副主编.——北京：中国民主法制出版社，2023.7

ISBN 978-7-5162-3300-9

Ⅰ.①县… Ⅱ.①唐…②李…③赵… Ⅲ.①城市—土地—分级—研究—沂源县②城市—地价—评估—研究—沂源县 Ⅳ.① F299.275.24

中国国家版本馆 CIP 数据核字（2023）第 125418 号

图书出品人：刘海涛
出版统筹：石　松
责任编辑：刘险涛

书　　名／县级城市土地定级与基准地价评估研究：以沂源县城区为例
作　　者／唐丽静　主编　李凤坤　赵贤峰　副主编

出版·发行／中国民主法制出版社
地址／北京市丰台区右安门外玉林里7号（100069）
电话／（010）63055259（总编室）　63058068　63057714（营销中心）
传真／（010）63055259
http://www.npcpub.com
E-mail: mzfz@npcpub.com
经销／新华书店
开本／32开　880毫米×1230毫米
印张／7　字数／134千字
版本／2023年8月第1版　2023年8月第1次印刷
印刷／三河市富华印刷包装有限公司

书号／ISBN 978-7-5162-3300-9
定价／40.00元

前　言

　　土地是"财富之母"，一直以来，我国社会经济的发展离不开土地的承载作用。城市——我国社会经济活跃发展的重要标志，对土地的需求量向来较大，而土地因其有限性迫使地方政府要及时掌握城市土地市场的基本状况，从而加强对城市土地的引导和管控，优化配置城市土地，使城市土地得到最合理、最有效地利用，打造健康长久的城市土地市场，服务区域社会经济发展。对城市土地进行定级与基准地价评估是政府掌握区域城市土地市场基本状况的一种重要手段，评估数据的呈现可为政府调控城市土地市场提供最直观的基础依据，因此，迫切需要建立科学合理的评估方法体系。鉴于县级是我国社会经济发展最基本的单元，县级社会经济发展是我国一种典型的区域社会经济发展，本书聚焦县级城市土地定级与基准地价评估，详细阐述了县级城市土地定级评估、基准地价评估技术方法流程，并以沂源县城区土地定级与基准地价评估为例进行实证分析。

　　沂源县城区土地定级与基准地价评估工作始于1992年。根据《城镇土地分等定级规程》（GB/T 18507—2014）、《城镇土地估价规程》（GB/T 18508—2014）、原山东省国土资源厅以及淄博市人民政府相关工作布署，沂源县先后于1998年、2002年、2007年、2010年、2013年对城区土地定级与基准地价进行了五轮评估。2016年，根据原山东省国土资源厅《关于开展2016年度城镇基准地价更新工作的通知》（鲁国土资字[2015] 498号）和淄博市人民政府办公厅《关于开展全市城镇基准地价更新工作的通知》（淄自然资字[2016] 5号），沂源县对城区土地定级与基准地价进行了第六轮评估，该成果于2017年6月27日经淄博市人民政府《关于调整城镇基准地价的通知》（淄政发[2017] 7号）实施，这是当前沂源县城区可供参考的最新评估成果。自进行第六轮评估以来，沂源县经济社会不断发展，城区建设逐步向外扩张，城区基础设施、公共服务设施不断完善，城区综合服务功能不断提高，城区功能分区日趋明显，城区土地供需状况发生变化，这些因素均已直接或间接地影响着沂源县城区的土地质量差异和地价水平，2016年的评估成果已不能反映沂源县城区目前的土地定级和基准地价状况，亟须更新评估数据。《城镇土地分等定级规程》（GB/T 18507—2014）与《城镇土地估价规程》（GB/T 18508—2014）建议对城市土地定级与基准地价评估的周期应不少于三年，故本书对沂源县城区2019年度土地定级与基准地价进行评估。本书研究成果可丰富县级城市土地定级与基准地价理论与实践，具有重要的理论和现实意义。

目　录

第一章　研究介绍

第一节　研究背景

人类的生存离不开土地（胡金勇，2016；张钰，2018），不仅如此，生存之外，土地是人类社会发展重要的资源（孙卫东，2002；万齐锦，2016），具有重大的开发利用价值（涂小松等，2008；范树平，2018；孟美侠等，2021；田富有，2021）。但由于土地总量有限，土地对人类的供给具有明显的稀缺性特征（罗静等，2004；单玉红，2017），这就决定了土地必然会成为一种被竞相争夺的经济资产（欧阳平等，2010）进行流通，土地市场由此形成（陈晓君，2012；窦钦昊，2017）。

我国土地总体上包括农村土地和城市土地两大类（中国土地政策综合改革课题组等，2008；李尚蒲等，2016；高帆，2020）。现阶段，鉴于法律依据及配套政策的缺失、地方积极性不高、市场化时机不成熟等因素，我国农村土地市场运作还处于探索阶段（钱忠好，2002；吴元波，2007；覃美英等，2007；王紫东，2009；田静婷，2009；彭新万，2014；陈寒冰,2019)。相对而言,经过几十年的市场化改革,我国城市土地市场成熟度较高,形成了较好的市场运作机制(李娟,2007;李娟等,2007;付志杰,2015;康俊,2018)。但从党的十一届三中全会以来,我国社会经济高速发展,城市化进程不免加快(郑玉明,2004;董文柱,2005;黄木易等,2012),城市土地需求量增大,再加上供需失衡、用地结构失调、成交价格攀升等问题(杨钢桥,1998;程洁如,2009;丁瑜,2009;李培祥,2010;李金宸,2017),需要国家对城市土地市场进行合理管控(李立坤,2017;陈诚,2018)。对城市土地进行定级与基准地价评估是国家管控的核心手段(陈江龙,2002;王玉婷,2015;陈韦等,2015;万齐锦,2016;云彤,2019;廉玮歆,2020),基于评估结果,国家能够全面掌握城市土地质量分级(郑润梅等,2004;毛良祥等,2006;王汉花,2006;刘彦随等,2008;林坚等,2017)、系统获取城市土地各项经济效益数据(张忠国等,2004;焦叶芬,2005;佟香宁等,2006;宋戈等,2008;尚勇敏等,2011)、有序推进城市土地使用权出让及流转(张淑娟等,2005;郗磊,2012;杨宏山等,2022)、逐步完善城市土地税费征收政策(袁小明等,2000;张利等,2002;李金波,2010;张媛,2012)、防止国有资产流失(田惠君,2005;詹海斌,2011),从而优化城市土地市场宏观调控,促进城市土地市场平稳发展。因此,建立科学合理的评估方法体系对城市土地进行定级与基准地价评估具有重大战略作用。就我国而言,县级是社会经济发展的基础根基,"县级强,国家富"，县级社会经济发展也是我国的一个关键层次，具有独有的特点，县级城市土地市场的健康长久运行才能保障我国城市土地市场的健康长久运行，本书聚焦县级城市土地定级与基准地价评估方法。

第二节　研究目的

我国对城市土地定级与基准地价的评估兴起于20世纪90年代（杨庆媛，2001；徐金礼，2006；毕忠德，2011），1994年《中华人民共和国城市房地产管理法》的颁布引发了相关估价实务和学术研究的热潮（张所地等，1998；姜安源等，2002；姜栋，2002；刘卫东，2003；马巨革等，2003；梁彦庆等，2003；陈阳，2005）。作为国家管控城市土地市场的核心手段，城市土地定级与基准地价的评估方法要科学、合理，评估结果要保持全面、真实、有效（徐慧，2006；丁希杰，2009；彭娜，2009）。本书目的之一为：在总结现行城市土地定级与基准地价评估方法的基础上，汲取有益经验，建立一套适宜县级的评估方法体系，以期对县级城市土地级别进行合理划分、对县级城市土地基准地价进行准确评估，丰富我国县级城市土地定级与基准地价评估理论，为后期县级开展相关工作提供技术方法参考；目的之二为：选取沂源县城区为研究对象，实践本书所述县级城市土地定级与基准地价评估方法，从资料收集、材料归纳、数据处理、技术路线、影响因素选择、综合运算等方面详细阐述方法步骤，为我国其他县级进行城市土地定级与基准地价评估工作提供案例借鉴；目的之三为：沂源县当前城区土地定级与基准地价评估最新成果更新于2016年，已有数年之久。自2016年以来，城区内社会经济形势、影响城区内土地分级及土地价格的因素、城区土地市场行情等已发生变化，加之《城镇土地分等定级规程》（GB/T 18507—2014）与《城镇土地估价规程》（GB/T 18508—2014）提出对城市土地定级与基准地价评估结果的更新周期应小于三年，对评估成果以2019年为时点进行更新，保障沂源县城区土地定级与基准地价结果的现势性，为沂源县政府调控城区土地市场，制定合理的城区土地政策提供依据。

第三节　研究意义

县级城市土地定级与基准地价评估分为土地定级评估和基准地价评估。具体来看，土地定级评估结果不仅为县级准确分析不同区域土地质量的优劣程度提供依据，进而促进县级城市土地合理开发利用、优化城市土地供需结构；也为县级根据土地质量的优劣程度，摸清不同区域土地收益的高低，制定科学的城市土地政策、城市土地调控措施、城市土地使用征收税费制度。基准地价评估结果一方面将县级不同区域、不同用途的城市土地的基准地价为县级政府直观呈现，有助于县级政府引导城市土地在各类企业、单位之间合理配置，提高优等土地的利用效率。另一方面，为县级城市土地现有或潜在投资者提供基础数据，引导投资者对境内不同区域的城市土地采用适宜的利用方式、选择适当的投资方向，充分发挥城市土地的最佳利用效益。

总体来看，对县级在周期内进行城市土地定级与基准地价评估，使得县级城市土地价格变化与县级社会经济发展变化及城市土地市场变化相对同步，有利于县级政府及时、准确掌握城市土地市场状况，制定城市土地供给计划，这对县级优化各类城市土地数量结构配置、引导各类城市土地空间布局、调控城市土地供需结构具有重要的现实意义。此外，定期评估可以向投资者直观展现县级社会经济发展成效，通过评估结果为投资者提供县级城市土地市场地价信号，作为投资决策参考依据，推动产业提档升级，优化城市土地利用。因此，建立科学的县级城市土地定级与基准地价评估方法体系，使评估结果更为真实地反映县级城市土地市场利用状况，既是县级政府有效管理城市土地市场的重要保证，也是维护县级城市土地市场可持续发展的重要保障。

第四节　国内外研究现状

一、国内研究现状

我国在夏禹时期初现城市土地定级与基准地价思想雏

形，国家将全国九个州的土地进行分等定级，作为贡税依据（丁红梅，2014；高中贵等，2004）。新中国成立至改革开放伊始，我国城市土地定级与基准地价评估未有进展，但其间基于"查田定产"开展的土地级别划分为后期城市土地定级与基准地价评估的开展奠定了基础（张一平，2009）。改革开放为城市土地市场发展带来了契机，随着国家大力推动土地制度改革，人们逐渐对城市土地具有等级及价格差异这一现象达成共识，对城市土地进行定级与基准地价评估成为城市土地市场运行的必要前提（孙博等，2017）。于是，国家在部分城市布置试点工作研究评估方法，随着研究的深入，《城镇土地分等定级规程》（GB/T 18507—2014）与《城镇土地估价规程》（GB/T 18508—2014）等国家标准随之公布（岳杰，2008），自此，城市土地定级与评估在全国范围内引起广泛关注。经过不断地实践与完善，国内专家学者克服前期评估方法应用过程中出现的技术单一、效率低下、通用性差等问题（崔宇，2013；杨建锋等，2013；何江华，2015；牛德利等，2016），形成诸多有益经验。

综合定级法，也称多因素评价法，其基本思路为将影响城市土地级别划分的各项因素，通过适宜的数学模型转化为一项综合指标进行评估，因其评估结果较为客观、科学，成为当前城市土地定级评估普遍采用的方法（刘金平等，2001；欧阳安蛟等，2002；张小武，2006；王海军等，2006；周瑞平等，2010；万齐锦等，2016）。极差收益法的基本思路为，在获取样点宗地基础数据的基础上，通过数学模型建立影响因素、城市土地级别之间的关系，评估样点宗地外城市土地市场的评估信息，但因其评估结果带有一定的主观性，其通常被作为综合定级法的补充（乔立新等，1997；张所地等，1998；任志远，2000；陈志钢，2001；郭岚，2003），主要作用为修正综合定级法评价结果。地价分区定级法的基本思路为，将城市空间按照地价水平划分为不同区域，在确定城市土地每一级别地价区间的基础上，依据城市土地地价区间划分城市土地等级（王海军等，2006；朱文珺，2008；毕晗等，2010；陈芳等，2019）。市场交易资料法的基本思路为，基于样点宗地信息估算城市土地地价，评估结果一般来讲可以采用样点宗地数据的平均值、加权平均值、众数、中位数等数学特征值（王瑗玲等，2003；周瑞平，2004；袁弘等，2004；田崇新等，2005）。收益还原法的基本思路为，以城市土地未来收益为依据，基于一定的还原利率，将城市土地未来收益转换为评估时段的收益（柴强，1991；张裕凤等，1996；郭爱请等，2004；高邦怀等，2008；高帮胜等，2008；王筑，2010；范英莉，2016）。成本逼近法的基本思路为，以城市土地开发所需全部费用与税金、利息、利润等费用之和为依据，估算城市土地价格（周建春，2002；单胜道，2002；娄俊启，2014；杨瑞星，2016；李菁等，2017）。剩余法，也称倒算法、假设开发法，其基本思路为将估算的城市未来房地产交易价格减去建筑成本、利息、利润、税金后的价格作为城市土地价格（韩广宏，2008；孙军同，2009；王婧，2012；廖凤，2013；刘艳，2013；潘秀琼，2019）。路线价法的基本思路为，将面临特定街道、用途、地段、使用价值相同的城市土地，设定城市宗地到城市街道的标准垂直距离，计算城市中处于该标准垂直距离的城市宗地平均价格，即可得到城市街道的路线价，以此估算处于不同垂直距离的城市宗地价格（周维纾等，1992；刁红军，1996；杨力，1997；贾士军，1998；夏建国等，2000；姚继兰等，2006）。基准地价系数修订法的基本思路为，明确城市土地的平均条件，以平均条件下城市土地的价格作为标准，设置城市中不同条件土地与平均条件土地之间的基准地价转换系数，以此为基础得出城市宗地价格（敬松，1997；王晓明，2006；郑智华，2007；徐伟，2008；李谢昕，2013；蒋雪松，2014；张自强等，2020）。回归分析法的基本思路为，运用模型建立城市样点基准地价与样点对应城市土地级别之间的回归方程，以此拟合待评估城市宗地的价格（刘幼慈等，1998；刘宇辉等，2002；杜国明，2003；黄萌等，2008）。此外，为提高城市土地定级与基准地价评估结果的有效性、准确性以及科学性，人工神经网络模型（苑韶峰等，2004；吴迪军等，2007；王满银等，2011；王华等，2020）、Hedonic模型（李信儒等，2005；张丽芳等，2007；朱传广等，2014；梁彦庆等，2018）、动态聚类模型（张绍良等，2000）、DEA评估模型（江立武等，2002）、K—均值聚类模型（易嗣鑫，2012）、Kriging空间插值模型（高练，2009；刘科问，

2013；唐淑芬，2016；马宇翔，2019）等模型也被应用到城市土地定级与基准地价评估中。同时，为保障城市土地定级与基准地价评估结果的实时更新，诸多计算机信息技术与定级估价软件已与评价方法相结合（张士征，2007；陈湄等，2008；韩志刚等，2010；王占岐等，2014；李玉华等，2015）。

二、国外研究现状

国外对城市土地定级与基准地价的评估与国内相似。德国主要根据近年来城市土地市场交易公开数据，分片区估算城市土地级别及地价水平，评估结果为每个片区的平均值（于洪明，2000；赵理尘等，2003；Nilsson等，2013；伊力奇，2017）。日本的城市土地定级与基准地价评估以标准宗地为基础，道路、商业、住宅等用地的评估结果以一定面积范围内一块典型宗地的相关数值为参考标准，经专家鉴定后最终确定（郭海燕，2004；Alpanda，2004；井元霞，2007）。韩国开展城市土地定级与基准地价评估主要参考日本经验，不同之处在于标准宗地为一定数量的典型宗地（Yasuda等，2005；乔云，2008；张秋林，2009；周丽蓉，2011）。英国城市土地定级与评估以上一年度城市土地市场交易数据为参照（刘鑫，2006；Bogataj等，2011；Boyd等，2011），而美国城市土地市场与基准地价评估侧重基于大量数据、精密软件、先进模型支撑下的精密计算（Mcdonald等，1998；Sunderman等，2002）。

第五节　研究基础

一、基本概念

县级城市土地定级，本质是揭示县级城市土地质量差异，按照差异对县级城市土地进行级别划分。其前提是综合分析县级城市土地本身所具有的自然属性以及人类赋予的社会经济属性（林目轩，1993；李苗，2019；彭婕，2020），过程是结合分析结果以及县级城市土地在社会经济发展，尤其县级城市建设过程中的地位、作用，获得县级城市土地的综合使用价值，摸清县级城市土地质量差异，目的是划定县级城市土地分级（赵硕，2015）。一般认为，县级城市土地质量与分级成正比，质量越好，县级城市土地级别越高，反之则越低。县级城市土地定级也是县级城市土地估价的基础。

县级城市基准地价，实质为县级城市土地使用权的平均价格，也是县级城市土地的初始价格。具体来说，它是某一估价时点下，城市规划范围内，处于不同等级且利用现状为工业、商业、住宅等县级城市土地平均价值的直观体现（杨钢桥，1996；陈改英等，2004；杜国明等，2005；彭建超等，2016），即可以将县级城市土地基准地价看作某一时段内，特定用途县级城市土地的平均价格。县级城市土地基准地价是确定县级城市土地使用权出让、转让、出租、抵押等价格的基础。

二、理论基础

（一）区位理论

区位，通俗来讲，是地球上的某一空间位置，这一空间位置是各种自然要素和社会经济活动综合作用的集中呈现（师繁伟，2004；徐阳等，2012）。区位理论是阐述不同自然空间位置经人类社会经济活动作用后，不同空间位置综合区位特征分布状况的学说。该理论重点分析在居住、交通、商业等特定社会经济活动中，事物因其空间位置所处地位、作用的差异性，即事物的区位特征（张中华等，2020；李争等，2019）。城市土地是具有固定位置的空间客体，其区位是由城市土地本身自然条件和人类投入的社会经济资本共同决定。不同的区位特征，导致城市土地的利用强度、利用效益、生产能力等将有明显差异，因而产生级差收益（陈福军，2002；陈春等，2003；王慧珍等，2010；谢妍，2016），对评估价格产生直接影响，因此，不同区位特征的城市土地地价水平各有差异。区位理论是城市地价评估的主要依据。

（二）地租理论

地租是基于土地所有者与土地生产者这两项相对独立的经济基础产生的概念。它是土地的直接生产者而非所有者，在利用土地进行生产时，产生剩余生产物被土地所有者占有的部分，也是土地所有权借以实现的经济形式（詹晨晖，2017）。

可以说，在土地使用权和土地所有权分离的情况下，地租就会产生（朱小平，2015；张翔，2020），而地租高低由土地自身自然条件、区位、等级、人类已投或将要投入资本、用途等因素共同决定（田先红等，2013；陈若芳等，2018）。我国土地使用权、所有权分离，土地使用者须向所有者支付租金。对城市土地而言，不同城市土地所处区位、质量优劣、承载企业类型、政府投资数量等使得城市土地地租产生差异，形成不同城市土地价格，城市土地使用者依此向所有者支付一定的经济收益。

（三）地价理论

地价，即土地价格。对土地本身来说，在人类将其作为社会经济发展资源以前，它仅仅是一种自然产物，不具备价值（刘书楷，1995；段正梁等，2004；鄢彬华，2006）。而伴随着人类的不断利用，土地具有了使用价值（陈静等，2011），通过一定的生产关系（主要为土地所有者与土地使用者之间的关系），产生了地租，地租是地价的基础（董黎明，1996；刘诗白，1999），土地因而具有了价格。所以通常来讲，地价是土地使用者通过出让、转让等方式获得土地使用权后，向土地所有者支付的价格（梁彦庆等，2015），其本质是土地所有者向土地使用者收取的未来一定期限内的地租，故地价是土地使用者购买地租的价格，因此，从这一方面来看，地租与地价密不可分，相互成正比（何虹，2006；邓元东，2019）。城市土地地价可以根据地租来评估地价，地租高的城市土地通常地价就高，反之亦然。

（四）土地供需理论

土地供需指土地供给与人类社会经济发展对农业、商业、工业等特定用途土地需求的相对关系。土地供给包括自然供给和经济供给两部分（蔡运龙，1990；曲颖奇等，2011），土地的自然供给指人类可利用的固定数量的土地（刘修岩等，2019；赵珂等，2020），土地的经济供给指在土地自然供给数量基础上，人类投入技术、劳动等生产要素后，能够取得经济效益的土地数量，这一数量会随技术水平、劳动力素质等因素变化（陈莹等，2010）。土地需求指社会经济发展特定阶段，人类依赖土地进行生产生活时的需求总量（徐唐奇等，2010）。由于土地数量有限，土地供给量不会随着土地需求量的增加而增加，城市建设发展对工业、商业、住宅等城市用地的需求量会不断增加，无政策调控情况下，城市土地价格必然会越来越高。为避免高价位状态下的城市土地供求关系，要制定维持城市土地供需平衡的地价。

第六节　研究内容

本书研究内容主要包括：

（1）综合阐述开展本项研究的背景、目的及意义，对国内外城市土地定级与基准地价评估方法进行系统梳理，对相关概念进行界定，对指导本项研究的理论基础进行总结。

（2）从县级城市土地定级评估与县级城市土地基准地价

评估两个方面，建立一套以县级城市土地定级评估为基础，确定县级城市土地基准地价评估结果的评估方法体系。

（3）以沂源县城区为例，实践县级城市土地定级与基准地价评估方法体系，以沂源县2019年城区土地定级成果为前提，确定沂源县2019年城区土地基准地价成果。

第七节　研究技术路线与方法

一、县级城市土地级别评估技术路线

本研究设计县级城市土地级别评估技术路线为：

（1）根据县级实际，以网格为县级城市土地基本定级单元，通过多因素综合评价法确定单元作用总分值。

（2）基于模糊聚类原理，运用总分频率曲线法初步确定县级城市土地级别界线。

（3）将上述县级城市土地理论级别界线落实到工作底图。

（4）利用县级近三年房地产市场交易样点资料和土地市场交易样点基准地价资料进行校核，以价验级。

（5）征求县级政府、自然资源主管部门等相关领导、专家的意见，并充分考虑城市总体规划以及土地利用总体规划的影响，分别按照商业、住宅、工业三类用地进行县级城市土地级别界线的确定，最终确定县级城市商业用地、住宅用地、工业用地级别。

二、县级城市土地基准地价评估技术路线

鉴于土地级别评估是土地基准地价评估的基础（姚敏，2001；徐慧等，2006），本研究设计县级城市土地基准地价评估技术路线如图1所示。

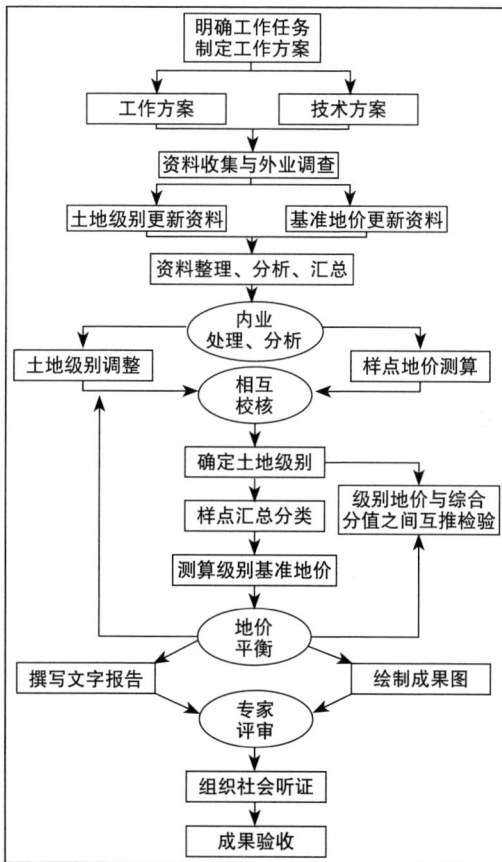

图1 县级城市土地基准地价评估技术路线

三、县级城市土地级别与基准地价评估方法

（一）县级城市土地级别评估方法

考虑到土地质量是多因素相互作用的结果（范黎，2004；罗世鹏，2007），建议县级城市土地定级采用多因素评价法。选取对县级城市商业用地、住宅用地、工业用地质量起作用的自然、经济等方面的各种因素，建立县级城市商业用地、住宅用地、工业用地定级评估体系，选用适当方法对三项定级评估体系中的各项因素赋予权重，并且采用适宜模型对三项定级评估体系中的各项因素进行定量化处理，从而对县级城市土地基本定级单元中商业用地、住宅用地、工业用地的级别进行评估，依据评估结果综合分析各种因素综合作用下的县级城市商业用地、住宅用地、工业用地质量状况，并按质量高低划分县级城市商业用地、住宅用地、工业用地级别。

县级城市土地定级利用城镇土地定级估价系统软件（JTInfo）按以下程序逐步操作完成：首先在工作底图上以50m×50m为最小单元格对县级城市土地评估范围创建评估单元；将县级城市商业用地、住宅用地、工业用地定级评估因素属性通过Excel挂接至JTInfo，根据各个评估因素的特点，以特定形式进行作用分值扩散；将县级城市商业用地、住宅用地、工业用地定级评估因素的作用分值通过叠加、赋值、合并等步骤转换成每个评估单元的总作用分值；根据县级城市商业

用地、住宅用地、工业用地定级评估单元总作用分值,利用总分频率曲线法,绘制县级城市商业用地、住宅用地、工业用地定级评估单元总作用分值的频率直方图;依据县级城市土地定级原则,划分县级城市商业用地、住宅用地、工业用地级别对应的总分值区间,将总分值区间输入计算机,由计算机自动生成县级城市商业用地、住宅用地、工业用地理论级别界线,将理论界线落实到工作底图,形成县级城市商业用地、住宅用地、工业用地级别划定初步成果;以县级城市商业用地、住宅用地、工业用地级差收益或县级城市商业用地、住宅用地、工业用地市场交易价格对初步成果进行验证,形成县级城市商业用地、住宅用地、工业用地级别划定最终成果。

(二)县级城市土地基准地价评估方法

县级城市土地基准地价评估首先将商业用地、住宅用地、工业用地的样点基准地价资料根据用途、交易类型、地价类型等情况进行整理,并输入Excel中,选用适当方法评估县级城市商业用地、住宅用地、工业用地市场交易样点基准地价,并利用修正因素对县级城市商业用地、住宅用地、工业用地市场交易样点基准地价进行修正,然后在同一县级城市土地级别内,选用适当方法对县级城市商业用地、住宅用地、工业用地市场交易样点基准地价进行检验,根据检验结果对同一级别内县级城市商业用地、住宅用地、工业用地的异常样点基准地价进行剔除,计算县级城市商业用地、住宅用地、工业用地不同级别的平均样点基准地价，就是县级城市商业用地、住宅用地、工业用地不同级别的基准地价，最后建议采用回归分析法分别建立县级城市商业用地、住宅用地、工业用地市场交易样点基准地价与其定级单元总作用分值之间的关联模型评估县级城市商业用地、住宅用地、工业用地各个级别基准地价，综合两方面结果，征求专家意见，对县级城市商业用地、住宅用地、工业用地各个级别的基准地价进行充分论证，最终确定县级城市商业用地、住宅用地、工业用地各个级别基准地价，方便进一步服务县级城市土地基准地价评估。

第二章 县级城市土地定级 与基准地价评估方法体系构建

第一节 县级城市土地定级评估方法体系构建

县级城市土地定级评估主要指在分析影响县级城市商业用地、住宅用地、工业用地质量的各项社会、经济、自然等方面因素基础上，经综合评估，按照评估结果划分县级城市商业用地、住宅用地、工业用地级别。县级城市土地定级评估总体思路如下：（1）针对县级城市商业用地、住宅用地、工业用地，考虑因素的普适性、专选性以及重要性，选取能反映县级城市商业用地、住宅用地、工业用地质量差异的因素，构建县级城市商业用地、住宅用地、工业用地定级评估因素体系；（2）采用适当方法，分别确定县级城市商业用地、住宅用地、工业用地定级评估各项因素权重；（3）对县级城市商业用地、住宅用地、工业用地定级评估各项因素进行量化，得出县级城市商业用地、住宅用地、工业用地定级评估各项因素的作用分值；（4）确定县级城市土地定级评估单元；（5）基于县级城市土地定级评估单元内商业用地、住宅用地、工业用地定级评估各项因素的作用分值，加权求和计算各评估单元内商业用地、住宅用地、工业用地各项评估因素的总分值，按照总分值的分布状况，结合实际情况，初步划分县级城市商业用地、住宅用地、工业用地级别，为保证划定结果的科学性，对初步划定结果进行验证和调整，得出县级城市商业用地、住宅用地、工业用地定级评估最终结果。

一、县级城市土地定级评估因素体系构建

（一）县级城市商业用地定级评估因素体系构建

县级城市商业用地定级评估因素体系分为三个层次：第一层次包括繁华程度、交通条件、基本设施状况、规划状况和人口状况。第二层次是第一层次因素的拆解，用商服繁华影响度反映繁华程度；用道路通达度、公交便捷度、对外交通便利度反映交通条件；用基础设施完善度反映基本设施状况；用规划影响度反映规划状况；用人口密度反映人口状况。第三层次从更细致的层面反映第二层次因素对县级城市土地质量产生的影响，用商服中心反映商服繁华影响度；用道路、公交站点、火车站或汽车站分别反映道路通达度、公交便捷度、对外交通便利度；用供水设施、排水设施、供热设施反映基础设施完善度；用规划影响度反映规划影响度；用人口密集度、人流集聚度反映人口密度。

（二）县级城市住宅用地定级评估因素体系构建

县级城市住宅用地定级评估因素体系分为三个层次：

第一层次包括基本设施状况、交通条件、环境条件、繁华程度、规划状况和人口状况。第二层次是第一层次因素的拆解，用基础设施完善度、公用设施完备度反映基本设施状况；用道路通达度、公交便捷度反映交通条件；用环境质量优劣度反映环境条件；用商服繁华影响度反映繁华程度；用规划影响度反映规划影响；用人口密度反映人口状况。第三层次从更细致的层面反映第二层次因素对县级城市土地质量产生的影响，用供水设施、排水设施、供热设施、供气设施反映基础设施完善度；用学校（高中）、学校（初中、小学）、医院、公园广场、文体设施反映公用设施完备度；用道路、公交站点分别反映道路通达度、公交便捷度；用环境质量优劣度反映环境质量优劣度；用商服中心反映商服繁华影响度；用规划影响度反映规划影响；用人口密集度反映人口密度。

（三）县级城市工业用地定级评估因素体系构建

县级城市住宅用地定级评估因素体系分为三个层次：第一层次包括交通条件、基本设施状况、环境条件、产业聚集效益和规划状况。第二层次是第一层次因素的拆解，用道路通达度、对外交通便利度反映交通条件；用基础设施完善度反映基本设施状况；用环境质量优劣度反映环境质量优劣；用产业集聚影响度反映产业聚集效益；用规划影响度反映规划影响。第三层次从更细致的层面反映第二层次因素对县级城市土地质量产生的影响，用道路、火车站与高速公路出入口分别反映道路通达度、对外交通便利度；用供电设施、供水设施、排水设施、供热设施、供气设施反映基础设施完善度；用环境质量优劣度反映环境质量优劣；用产业集聚影响度反映产业集聚影响；用规划影响度反映规划影响。

二、县级城市土地定级评估因素权重确定

县级城市土地定级评估因素权重确定可采用主观赋权与客观赋权两大类方法。主观赋权方法的主要思路为根据专家自身知识及经验的积累，对县级城市土地定级评估因素的重要性进行排序，进而获得县级城市土地定级评估各项评估因素的权重，其中，常用的代表性方法主要包括特尔斐法（李仲簋，1985；朱长超，1986；陈玉祥等，1990；冯文权，1997；郭明杰等，1999）、层次分析法（王秋萍等，2005；李春平等，2005；孙铭忆，2014）、二项系数法（徐其春等，2021）等。客观赋权法的主要思路为在获取客观县级城市土地定级评估因素基础数据的基础上，通过深度处理各项县级城市土地定级评估因素之间的相互影响，根据各项县级城市土地定级评估因素的联系程度或者各项县级城市土地定级评估因素所能提供的信息容量大小，获得县级城市土地定级评估各项评估因素的权重，其中，常用的代表性方法主要包括熵权法（邵球军等，2008；程启月，2010）、主成分分析法（于恒兰，1993；王淑琴等，1994；白雪梅等，1995；于涛，1996）、均方差法（冯荣耀等，2010；孙娟，2019）、CRITIC法（张玉等，2012；张立军等，2015；丁晓琴等，2016；王沛文等，2021）。

三、县级城市土地定级评估各项因素量化

（一）县级城市土地繁华程度量化

县级城市土地定级评估中县级城市土地繁华程度用县级城市土地商服繁华影响度反映，而县级城市土地商服繁华影响度用县级城市土地商服中心反映，即县级城市土地商服中心属性决定县级城市土地繁华程度。一般来讲，县级城市土地商服中心越集聚，代表其功能越强、影响力越大，县级城市土地繁华程度越高。在对县级城市土地商服中心进行级别划分的基础上，通过对县级城市土地商服中心规模、功能划分、服务半径、服务作用衰减程度等的量化，求取县级城市土地商服中心影响作用分值，确定县级城市土地繁华程度。其中，在县级城市商业用地定级评估时，商服中心服务作用默认按指数衰减，在县级城市住宅用地定级评估时，商服中心服务作用默认按线性衰减。

县级城市土地繁华程度量化包括县级城市土地商服中心规模指数计算、县级城市土地商服中心内各级功能分计算、县级城市土地商服中心服务半径和相对距离计算、县级城市土地商业功能影响作用分值计算、县级城市土地定级评估单元土地繁华程度作用分值计算等流程。

1. 县级城市土地中商服中心的规模指数计算

调查县级城市土地中商业中心的年营业额、营业面积、商店数、职工人数等效益资料，按照下列公式计算县级城市土

地中商服中心的规模指数。

$$I_K^M = 100 \times X_K^M \div X_{\max}^M$$

式中：

I_K^M 代表县级城市土地中K商服中心规模指数；

X_K^M 代表县级城市土地中K商服中心经济指标实际值或K商服中心所在级别商服中心经济指标的平均值；

$X_{\max}^M$ 代表县级城市土地中最高级商服中心的经济指标。

2. 县级城市土地中商服中心的各级功能分计算

县级城市土地商服中心的功能主要指对县级城市土地繁华程度产生影响的商业功能，大致包括某县级城市土地商服中心本身所处级别对应的商业功能以及低于该县级城市土地商服中心级别的商服中心所具有的商服功能，不同级别的商业功能用不同级别的功能分表示，按照下列公式计算县级城市土地中商服中心的各级功能分。

$$f_i^M = I_i^M - I_l^M$$

$$f_{\min}^M = I_{\min}^M$$

式中：

f_i^M 代表县级城市土地中某一商服中心 i 级功能的功能分；

I_i^M 代表县级城市土地中 i 级商服中心的规模指数；

I_l^M 代表县级城市土地中次一级商服中心的规模指数；

$f_{\min}^M$ 代表县级城市土地中最低级商服中心功能的功能分；

$I_{\min}^M$ 代表县级城市土地中最低级商服中心的规模指数。

3. 县级城市土地中商服中心服务半径和相对距离计算

县级城市土地一级商服中心服务半径为县级城市土地一级商服中心边缘到县级城市土地定级评估工作范围边缘的最大距离，县级城市土地其他级别商服中心（低于一级商服中心级别）的服务半径为县级城市土地同级商服中心的最大服务距离。将县级城市土地商服中心的不同级别功能划分10个对应的相对距离区间，按照下列公式计算县级城市土地中某一级别商服中心的相对距离。

$$\begin{cases} r = d_i \div d \\ [0 \leqslant r \leqslant 1] \end{cases}$$

式中：

r 代表县级城市土地中 i 级商服中心的相对距离；

d_i 代表县级城市土地中 i 级商服功能的服务半径内，某点距商服中心的实际距离；

d 代表县级城市土地中 i 级商服功能的服务半径。

4. 县级城市土地商服中心作用分值计算

县级城市商业用地定级评估测算其商业功能影响作用衰减时，遵循指数衰减方式，按照下列公式计算县级城市土地中某商服中心对某点的作用分值。

$$e_{ij}^{m} = \left(f_i^{m} \right)^{1-r}$$

式中：

e_{ij}^{m} 代表县级城市土地定级评估范围内 j 点受 i 级商服中心

作用的分值；

f_i^m代表县级城市土地中 i 级商服中心的功能分；

r 代表县级城市土地定级评估范围内 j 点到 i 级商服中心的相对距离。

县级城市住宅用地定级评估测算其商业功能影响作用衰减时，遵循线性衰减方式，按照下列公式计算县级城市土地中某商服中心对某点的作用分值。

$$e_{ij}^m = f_i^m \times (1-r)$$

式中：

e_{ij}^m代表县级城市土地定级评估范围内 j 点受 i 级商服中心作用的分值；

f_i^m代表县级城市土地中 i 级商服中心的功能分；

r 代表县级城市土地定级评估范围内 j 点到 i 级商服中心的相对距离。

5. 县级城市土地定级评估单元土地繁华程度作用分值计算

县级城市土地繁华程度作用分值是县级城市土地定级评估范围内某点受不同商服中心（不同级别）综合作用后繁华程度的具体表现。当县级城市土地定级评估范围内某点受若干同一级别商服中心影响时，只取其中最高的作用分值，当县级城市土地定级评估范围内某点受若干不同级别商服中心影响时，不同级别商服中心对该点影响的作用分值只取一次，加和处理，按照下列公式计算县级城市土地定级评估单元土地繁华程度作用分值。

$$e_j^M = \sum_{i=1}^{n} e_{ij}^M$$

式中：

e_j^M 代表县级城市土地定级评估 j 单元土地繁华程度作用分值；

e_{ij}^M 代表县级城市土地中 i 级商服中心对县级城市土地定级评估 j 单元的作用分值。

（二）县级城市土地交通条件量化

县级城市土地不同地段的交通条件优劣度用道路通达度、公交便捷度和对外交通便利度来反映。在县级城市商业用地和住宅用地定级评估中选择道路通达度、公交便捷度和对外交通便利度为评估因素，在县级城市工业用地定级中选择道路通达度和对外交通便利度为评估因素。

1. 县级城市土地道路通达度量化

县级城市土地道路通达度量化包括县级城市土地道路类型划分、县级城市土地道路作用指数计算、县级城市土地道路功能分计算、县级城市土地道路影响距离计算、县级城市土地道路相对距离计算、县级城市土地道路通达度作用分值计算、县级城市土地定级评估单元道路通达度作用分值计算等流程。

（1）县级城市土地道路类型划分

县级城市土地道路按照其在城市交通中的作用大致分为主干道、次干道和支路三类。县级城市土地中的主干道主要指县级城市中的主要运输线，其可承载县级城市中的客货运输，是县级城市中重要的交通枢纽，连接县级工矿企业以及重要公共活动场所等。县级城市土地中的次干道主要指联系县级城市之中主干道的道路。县级城市土地中的支路主要指县级城市中各街坊之间的联系道路。县级城市土地道路中的主干道、次干道和支路可按表1所示标准划分。

表1 县级城市土地主干道、次干道、支路划分标准（单位：米）

县级城市土地道路类型	县级城市土地红线宽度	县级城市土地车行道宽度
主干道	≈40	14—18
次干道	≈30	11—14
支 路	≈15	7—9

（2）县级城市土地道路作用指数计算

县级城市土地道路作用指数需要根据县级城市道路的功能、宽度、车流量等因素共同确定，县级城市土地道路作用指数与这些因素的大小成正比，一般来讲，县级城市土地道路作用指数在0—1之间，理想数值为1。

（3）县级城市土地道路功能分计算

按照下列公式计算县级城市土地中某类道路的功能分：

$$f_i^R = 100 \times I_i^R$$

式中：

f_i^R 代表县级城市土地中第 i 类道路的功能分；

I_i^R 代表县级城市土地中第 i 类道路的作用指数。

（4）县级城市土地道路影响距离计算

县级城市主干道、次干道的影响距离基于公式计算得出，县级城市支路的影响距离一般依据县级城市支路的实际分布状况，在300—750米之间设置。按照下列公式计算县级城市中主干道、次干道的影响距离。

$$d = s \div 2l$$

式中：

d 代表县级城市土地中主干道或者次干道的影响距离；

s 代表县级城市土地中建设用地总面积；

l 代表县级城市土地中主干道或次干道的总长度。

（5）县级城市土地道路相对距离计算

将县级城市主干道、次干道、支路的不同级别功能划分为3—10个对应的相对距离区间，按照下列公式计算县级城市土地中主干道、次干道、支路的相对距离。

$$\begin{cases} r = d_i \div d \\ [0 \leqslant r \leqslant 1] \end{cases}$$

式中：

r 代表县级城市土地中主干道、次干道、支路的相对距离；

d_i 代表县级城市土地中主干道、次干道、支路的影响距离内，某点距主干道、次干道、支路的最短距离；

d 代表县级城市土地中主干道、次干道、支路的影响距离。

（6）县级城市土地道路通达度作用分值计算

县级城市商业用地定级评估测算道路通达度影响作用衰减时，遵循指数衰减方式，按照下列公式计算县级城市土地中主干道、次干道、支路对县级城市土地定级评估范围内某点的通达度作用分值。

$$e_{ij}^{R} = \left(f_i^{R} \right)^{1-r}$$

式中：

e_{ij}^{R} 代表县级城市土地中 i 道路对县级城市土地定级评估范围内 j 点的通达度作用分值；

f_i^{R} 代表县级城市土地中 i 道路或同类道路的功能分；

r 代表县级城市土地定级评估范围内 j 点到 i 道路的相对距离。

县级城市住宅用地与工业用地定级评估测算道路通达度影响作用衰减时，遵循直线衰减方式，按照下列公式计算县级城市土地中主干道、次干道、支路对县级城市土地定级评估范围内某点的通达度作用分值。

$$e_{ij}^{R} = f_i^{R} \times (1 - r)$$

式中：

e_{ij}^{R} 代表县级城市土地中 i 道路对县级城市土地定级评估范围内 j 点的通达度作用分值；

f_i^{R} 代表县级城市土地中 i 道路或同类道路的功能分；

r 代表县级城市土地定级评估范围内 j 点到 i 道路的相对距离。

（7）县级城市土地定级评估单元道路通达度作用分值计算

依据县级城市不同类型道路的衰减规律，考虑县级城市土地定级不同评估单元道路通达系数的影响，计算县级城市不同类型道路对县级城市土地定级评估各单元的作用分值，经分值叠加得出县级城市土地定级评估每个单元的总分值。其中，当县级城市土地定级某评估单元受多种类型道路影响时，该县级城市土地定级评估单元的道路通达度分值为所有道路类型中得分最多的值，当县级城市土地定级某评估单元受某一道路影响时，该县级城市土地定级评估单元的道路通达度分值为该道路在这一距离上的作用分值。按照下列公式计算县级城市土地定级评估单元道路通达度作用分值，县级城市土地道路通达系数如表2。

$$F_j^R = e_j^R \times \beta_j^R$$

式中：

F_j^R 代表县级城市土地定级评估 j 单元道路通达度作用分值；

e_j^R 代表县级城市土地中道路因素对县级城市土地定级评估 j 单元的作用分值；

β_j^R 代表县级城市土地定级评估 j 单元的通达系数。

表2　县级城市土地道路通达系数

通达方向	1	2	3	4
通达系数	0.58	0.81	0.91	1.00

2. 县级城市土地公交便捷度量化

县级城市土地公交便捷度量化包括县级城市公交站点功能分计算、县级城市公交站点服务半径和相对距离计算、县级城市土地公交便捷度作用分值计算、县级城市土地定级评估单元公交便捷度作用分值计算等流程。

（1）县级城市公交站点功能分计算

将县级城市公交站点按照站流量大小划分为不同档次，按照下列公式计算县级城市土地中各类公交站点功能分。

$$f_i^B = 100 \times X_i^B \div X_{max}^B$$

式中：

f_i^B 代表县级城市土地中第 i 个公交站点的功能分；

X_i^B 代表县级城市土地中第 i 个公交站点的流量值；

X_{max}^B 代表县级城市土地中最大公交站点的流量值。

（2）县级城市公交站点服务半径和相对距离计算

县级城市公交站点的服务半径一般取值为300至800米，按照下列公式计算县级城市土地中各类公交站点的相对距离。

$$\begin{cases} r = d_i \div d \\ [0 \le r \le 1] \end{cases}$$

式中：

r 代表县级城市土地中 i 公交站点的相对距离；

d_i 代表县级城市土地中公交站点服务半径内，某点距 i 公交站点的实际距离；

d代表县级城市土地中i公交站点的服务半径。

（3）县级城市土地公交便捷度作用分值计算

县级城市土地定级评估测算公交便捷度影响作用衰减时，遵循直线衰减方式，按照下列公式计算县级城市土地中的公交站点对县级城市土地定级评估范围内某点的公交便捷度作用分值。

$$e_{ij}^B = f_i^R \times (1-r)$$

式中：

e_{ij}^B代表县级城市土地中i公交站点对县级城市土地定级评估范围内j点的公交便捷度作用分值；

f_i^R代表县级城市土地中i公交站点的功能分；

r代表县级城市土地定级评估范围内 j 点到 i 公交站点的相对距离。

（4）县级城市土地定级评估单元公交便捷度作用分值计算

按照下列公式计算县级城市土地定级评估单元公交便捷度作用分值。

$$F_j^B = e_j^B \times \beta_j^B$$

式中：

F_j^B代表县级城市土地定级评估j单元公交便捷度作用分值；

e_j^B代表县级城市土地中公交站点因素对县级城市土地定级评估j单元的作用分值；

β_j^B代表县级城市土地定级评估j单元的通达系数。

3. 县级城市土地对外交通便利度量化

县级城市土地对外交通便利度量化包括县级城市对外交通设施确定、县级城市土地对外交通设施作用指数和功能分计算、县级城市土地对外交通设施服务半径和相对距离计算、县级城市土地对外交通便利度作用分值计算、县级城市土地定级评估单元对外交通便利度作用分值计算等流程。

（1）县级城市对外交通设施确定

确定县级城市火车站、港口、长途车站、机场、高速公路出入口等对外经营客运站和重点对外交通节点等对外交通设施。

（2）县级城市土地对外交通设施作用指数和功能分计算

县级城市对外交通设施的作用指数与对外交通设施的重要程度成正比，一般来讲，县级城市对外交通设施重要程度越高，作用指数越高，每项县级城市对外交通设施的作用指数数值在0—1之间，各项县级城市对外交通设施的作用指数数值之和为1。按照下列公式计算县级城市土地中某类对外交通设施的功能分。

$$f_i^T = 100 \times I_i^T$$

式中：

f_i^T 代表县级城市土地中第 i 个对外交通设施的功能分；

I_i^T 代表县级城市土地中第 i 个对外交通设施的作用指数。

$$I_i^T = I_{max}^T \times \lambda_i^T$$

式中：

I_i^T 代表县级城市土地中第 i 个对外交通设施的作用指数；

I_{max}^T 代表县级城市土地中第 i 个对外交通设施所对应种类对外交通设施规模与影响最大者的作用指数；

λ_i^T 代表县级城市土地中第 i 个对外交通设施相对于对应种类中规模与影响最大对外交通设施的作用折算系数。

（3）县级城市土地对外交通设施服务半径和相对距离计算

县级城市对外交通设施的服务半径为以各个对外交通设施为原点，至县级城市土地定级评估范围的最大距离，按照下列公式计算县级城市土地中各个对外交通设施的相对距离。

$$\begin{cases} r = d_i \div d \\ [0 \leqslant r \leqslant 1] \end{cases}$$

式中：

r 代表县级城市土地中 i 对外交通设施的相对距离；

d_i 代表县级城市土地中 i 对外交通设施服务半径内，某点距 i 对外交通设施的实际距离；

d 代表县级城市土地中 i 对外交通设施的服务半径。

（4）县级城市土地对外交通便利度作用分值计算

县级城市商业用地、工业用地定级评估测算其对外交通便利度影响作用衰减时，遵循指数衰减方式，按照下列公式计算县级城市土地中某对外交通设施对某点的作用分值。

$$e_{ij}^{T} = f_i^{T\ (1-r)}$$

式中：

e_{ij}^{T} 代表县级城市土地中 i 对外交通设施对县级城市土地定级评估范围内 j 点的便利度作用分值；

f_i^{T} 代表县级城市土地中 i 对外交通设施的功能分；

r 代表县级城市土地定级评估范围内 j 点到 i 对外交通设施的相对距离。

县级城市住宅用地定级评估测算其对外交通便利度影响作用衰减时，遵循线性衰减方式，按照下列公式计算县级城市土地中某对外交通设施对某点的作用分值。

$$e_{ij}^{T} = f_i^{T} \times (1-r)$$

式中：

e_{ij}^{T} 代表县级城市土地中 i 对外交通设施对县级城市土地定级评估范围内 j 点的便利度作用分值；

f_i^{T} 代表县级城市土地中 i 对外交通设施的功能分；

r 代表县级城市土地定级评估范围内 j 点到 i 对外交通设施的相对距离。

（5）县级城市土地定级评估单元对外交通便利度作用分值计算

按照下列公式计算县级城市土地定级评估单元对外交通便利度作用分值。

$$F_j^{T} = \sum_{i=1}^{n} e_{ij}^{T}$$

式中：

F_j^T 代表县级城市土地定级评估 j 单元对外交通便利度作用分值；

e_{ij}^T 代表县级城市土地中 i 类对外交通设施对县级城市土地定级评估 j 单元的作用分值。

（三）县级城市土地基础设施完善度量化

县级城市土地基础设施完善度量化包括县级城市土地基础设施类型确定、县级城市土地基础设施作用指数计算、县级城市土地基础设施完善度作用分值计算、县级城市土地定级评估单元基础设施完善度作用分值计算等流程。

1. 县级城市土地基础设施类型确定

县级城市土地基础设施类型包括供水设施、排水设施、供气设施、供电设施、供热设施、通信设施等。

2. 县级城市土地基础设施作用指数计算

在县级城市商业用地、住宅用地、工业用地进行定级评估时，可依据实际情况选择相关评估因素。依据每种类型县级城市土地评估时确定的基础设施种类，借鉴权重确定思路，选用适宜的方法明确每项基础设施的作用指数，每类基础设施的作用指数在0—1之间，各类基础设施作用指数的总和为1。

3. 县级城市土地基础设施完善度作用分值计算

按照下列公式计算县级城市土地中各类基础设施完善度

的作用分值。

$$e_{ij}^{I}=100\times I_i^I\times\lambda_{ij1}^I\times\lambda_{ij2}^I$$

式中：

e_{ij}^I 代表县级城市土地中 i 类基础设施对县级城市土地 j 区域的完善度作用分值；

I_i^I 代表县级城市土地中 i 类基础设施的作用指数；

λ_{ij1}^I 代表县级城市土地中 i 类基础设施在县级城市土地 j 区域的水平系数；

λ_{ij2}^I 代表县级城市土地中 i 类基础设施在县级城市土地 j 区域的使用保证率。

县级城市土地中某类基础设施的水平系数依据该设施的分布密度、技术水平、服务方式等确定，县级城市土地中某类基础设施的使用保值率依据该设施日常保证率、可靠率等确定，县级城市土地中某类基础设施的水平系数和使用保值率数值在0—1之间。

4. 县级城市土地定级评估单元基础设施完善度作用分值计算

按照下列公式计算县级城市土地定级评估单元对外交通便利度作用分值。

$$F_j^I=\sum_{j=1}^{n}e_{ij}^I$$

式中：

F_j^I 代表县级城市土地定级评估 j 单元基础设施完善度分值；

e_{ij}^T 代表县级城市土地中 i 类基础设施对县级城市土地定级评估 j 单元的作用分值。

（四）县级城市土地公用设施完备度量化

县级城市土地公用设施完备度量化包括县级城市公用设施类型确定、县级城市土地公用设施作用指数和功能分计算、县级城市土地公用设施服务半径和相对距离计算、县级城市土地公用设施完备度作用分值计算、县级城市土地定级评估单元公用设施完备度作用分值计算等流程。

1. 县级城市公用设施类型确定

县级城市土地公用设施类型包括学校、医院、农贸市场、公园、文体设施等。

2. 县级城市土地公用设施作用指数和功能分计算

在县级城市土地进行定级评估时，可依据实际情况选择相关评估因素。依据县级城市土地评估时确定的公用设施种类，选用适宜的方法明确每项公用设施的权重值，每项公用设施的权重值在0—1之间，各项公用设施权重值的总和为1。按照下列公式计算县级城市土地中各项公用设施的功能分。

$$f_i^P = 100 \times I_i^P$$

式中：

f_i^P 代表县级城市土地中第 i 个公用设施的功能分；

I_i^P 代表县级城市土地中第 i 个公用设施的作用指数。

$$I_i^P = I_{\max}^P \times \lambda_i^P$$

式中：

I_i^P 代表县级城市土地中第 i 个公用设施的作用指数；

$I_{\max}^P$ 代表县级城市土地中第 i 个公用设施所对应种类公用设施规模与影响最大者的作用指数；

λ_i^P 代表县级城市土地中第 i 个公用设施相对于对应种类中规模与影响最大公用设施的作用折算系数。

3. 县级城市土地公用设施服务半径和相对距离计算

县级城市公用设施的服务半径按照公用设施的数量、规模、影响大小确定，按照下列公式计算县级城市土地中各个公用设施的相对距离。

$$\begin{cases} r = d_i \div d \\ [0 \leqslant r \leqslant 1] \end{cases}$$

式中：

r 代表县级城市土地中 i 公用设施的相对距离；

d_i 代表县级城市土地中 i 公用设施服务半径内，某点距 i 公用设施的实际距离；

d 代表县级城市土地中 i 公用设施的服务半径。

4. 县级城市土地公用设施完备度作用分值计算

县级城市土地定级评估测算其公用设施完备度影响作用衰减时，遵循线性衰减方式，按照下列公式计算县级城市土地中某公用设施对某点的作用分值。

$$e_{ij}^P = f_i^P \times (1 - r)$$

式中：

e_{ij}^{P} 代表县级城市土地中 i 公用设施对县级城市土地定级评估范围内 j 点的完善度作用分值；

f_{i}^{P} 代表县级城市土地中 i 公用设施的功能分；

r 代表县级城市土地定级评估范围内 j 点到 i 公用设施的相对距离。

5. 县级城市土地定级评估单元公用设施完备度作用分值计算

按照下列公式计算县级城市土地定级评估单元公用设施完备度作用分值。

$$F_{j}^{P} = \sum_{j=1}^{n} e_{ij}^{P}$$

式中：

F_{j}^{P} 代表县级城市土地定级评估 j 单元公用设施完备度作用分值；

e_{ij}^{P} 代表县级城市土地中 i 公用设施对县级城市土地定级评估 j 单元的作用分值。

（五）县级城市土地人口密度量化

县级城市商业用地定级评估人口密度量化主要依据县级城市客流人口，县级城市工业用地定级评估人口密度量化主要依据县级城市常住人口与暂住人口之和。

县级城市商业用地定级评估测算人口密度时，按照下列公式计算县级城市商业用地人口密度的作用分值，依据计算结果进行区域赋值。

$$e_i^D = 100 \times \left(X_i^D - X_{\min}^D \right) / \left(X_{\max}^D - X_{\min}^D \right)$$

式中：

e_i^D 代表县级城市土地定级评估 i 单元人口密度作用分值；

X_i^D 代表县级城市土地定级评估 i 单元客流人口密度；

$X_{\min}^D$ 代表县级城市土地客流人口密度的最小值；

$X_{\max}^D$ 代表县级城市土地客流人口密度的最大值。

$$X_i^D = p_i / s_i$$

式中：

X_i^D 代表县级城市土地定级评估 i 单元客流人口密度；

p_i 代表县级城市土地定级评估 i 单元客流人口；

s_i 代表县级城市土地定级评估 i 单元面积。

县级城市工业用地定级评估测算人口密度时，按照下列公式计算县级城市工业用地人口密度的作用分值，依据计算结果进行区域赋值。其中，县级城市土地常住及暂住人口密度的最佳值按照县级城市实际状况确定。

$$e_i^D = 100 \times \left(X_i^D - X_{\min}^D \right) / \left(X_g^D - X_{\min}^D \right)$$

式中：

e_i^D 代表县级城市土地定级评估 i 单元人口密度作用分值；

X_i^D 代表县级城市土地定级评估 i 单元常住及暂住人口密度；

$X_{\min}^D$ 代表县级城市土地常住及暂住人口密度的最小值；

X_g^D 代表县级城市土地常住及暂住人口密度的最佳值。

$$X_i^D = p_i / s_i$$

式中：

X_i^D 代表县级城市土地定级评估 i 单元常住及暂住人口密度；

p_i 代表县级城市土地定级评估 i 单元常住及暂住人口；

s_i 代表县级城市土地定级评估 i 单元面积。

当县级城市土地常住及暂住人口密度大于县级城市土地常住及暂住人口密度最佳值时，需要按照下列公式对 X_i^D 值进行修正：

$$X_i^D = 2X_g^D - X_{\max}^D$$

式中：

X_i^D 代表县级城市土地定级评估 i 单元常住及暂住人口密度；

X_g^D 代表县级城市土地常住及暂住人口密度的最佳值；

$X_{\max}^D$ 代表县级城市土地常住及暂住人口密度的最大值。

（六）县级城市土地环境质量优劣度量化

县级城市土地定级评估环境质量优劣度量化依据县级城市环境资料完整性分为三种情况。

具有环境质量综合评价成果的县级城市，按照下列公式计算县级城市土地环境质量优劣度的作用分值。

$$e^E = 100 \times \left(X^E - X_{\min}^E \right) / \left(X_{\max}^X - X_{\min}^E \right)$$

式中：

e^E 代表县级城市土地环境质量优劣度作用分值；

X^E 代表县级城市土地环境质量综合评价指数；

$X_{\min}^E$ 代表县级城市土地环境质量综合评价指数的最劣值；

$X_{\max}^X$ 代表县级城市土地环境质量综合评价指数的最优值。

具有单项环境质量资料的县级城市，首先分析大气污染、水污染、噪声污染对县级城市环境质量的影响程度，明确大气污染、水污染、噪声污染的作用指数，一般来讲，大气污染、水污染、噪声污染的作用指数与影响程度成正比，大气污染、水污染、噪声污染的作用指数在0—1之间，大气污染、水污染、噪声污染作用指数的总和为1。按照下列公式计算县级城市土地环境质量优劣度的作用分值。

$$e_i^E = 100 \times I_i^E \times \left(X_i^E - X_{\min}^E \right) / \left(X_{\max}^X - X_{\min}^E \right)$$

式中：

e_i^E 代表县级城市土地 i 项环境质量优劣度作用分值；

I_i^E 代表县级城市土地 i 项环境质量作用指数；

X_i^E 代表县级城市土地 i 项环境质量数值；

$X_{\min}^E$ 代表县级城市土地 i 项环境质量的最劣值；

$X_{\max}^X$ 代表县级城市土地 i 项环境质量的最优值。

不具有环境质量资料的县级城市，需要对县级环境质量进行定性分析，依据分析结果按照优劣状况进行打分。

（七）县级城市土地产业集聚度量化

县级城市土地定级评估测算产业集聚度时，按照下列公式计算县级城市土地产业集聚度的作用分值，依据计算结果进行区域赋值。其中，县级城市土地产业集聚规模指数按照县级城市实际状况确定，县级城市土地产业集聚系数如表3所示。

$$e_i^A = 100 \times I_i^A \times \lambda_i^A$$

式中：

e_i^A 代表县级城市土地 i 产业集聚区域产业集聚度作用分值；

I_i^A 代表县级城市土地 i 产业集聚区域产业集聚规模指数；

λ_i^A 代表县级城市土地 i 产业集聚区域产业集聚修正系数。

$$I_i^A = 100 \times X_i^A / X_{max}^A$$

I_i^A 代表县级城市土地 i 产业集聚区域产业集聚规模指数；

X_i^A 代表县级城市土地 i 产业集聚区域产业集聚数值；

X_{max}^A 代表县级城市土地产业集聚数值的最大值。

表 3 县级城市土地产业集聚修正系数

县级城市土地产业集聚区类型	县级城市土地一般产业聚集区			县级城市土地高新技术产业区		
	县级城市土地产业联系紧密区	县级城市土地产业联系一般区	县级城市土地产业联系松散区	县级城市土地产业联系紧密区	县级城市土地产业联系一般区	县级城市土地产业联系松散区
县级城市土地产业集聚修正系数	0.8	0.6	0.4	1.0	0.8	0.6

（八）县级城市土地规划影响度量化

县级城市土地定级评估测算规划影响度时，主要通过解读县级现行规划借以分析规划布局对城市土地级别的影响，进而对县级城市土地定级评估范围进行赋值。

四、县级城市土地定级评估单元划定

县级城市土地定级评估单元可以选用主要因素分值重叠法、主导因素判定法、网格法、均质地域法等方法。

运用主要因素分值重叠法划定县级城市土地定级评估单元是在量化各项县级城市土地定级评估因素的基础上，找出影响县级城市土地定级评估的主要因素，通过计算得出每项县级城市土地定级评估主要因素的分值分布状况，然后通过叠加产生不同县级城市土地分值图斑，对图斑进行修订后划定县级城市土地定级评估单元。

运用主导因素判定法划定县级城市土地定级评估单元首先要确定影响县级城市土地定级评估的主导因素，通过计算得出每项县级城市土地定级评估主导因素分值，分析主导因素分值的变化规律，找出突变点作为县级城市土地定级评估单元边界，将县级城市土地定级评估主导因素分值基本一致的区域划为同一县级城市土地定级评估单元。

运用网格法划定县级城市土地定级评估单元主要依托计算机软件，设定县级城市土地评估单元大小，直接生成县级城市土地定级评估单元。

运用均质地域法划定县级城市土地定级评估单元是将县级城市土地中利用类型一致、内部功能相似、使用权独立的区域划为同一县级城市土地定级评估单元，其中在县级城市中起整体作用的重要交通枢纽、服务设施、商服中心等不应被划分至不同县级城市土地定级评估单元。

五、县级城市土地级别划定

（一）县级城市土地定级评估单元总作用分值计算

县级城市土地定级评估单元总作用分值计算，采用多因素综合评价法，按照下列公式计算县级城市土地定级评估单元总作用分值。

$$S_j = \sum_{i=1}^{n} F_{ij} \times W_i$$

式中：

S_j 代表县级城市土地定级 j 评估单元总作用分值；

F_{ij} 代表县级城市土地定级 j 评估单元 i 评估因素的作用分值；

W_i 代表县级城市土地评估 i 评估因素的权重。

（二）县级城市土地定级评估阻隔地物和扩散点确定

县级城市土地定级评估时所遇阻隔地物是指进行某项评估因素量化时，该因素作用分值扩散过程中遇到河流、铁路等具有明显阻隔作用的地物。县级城市土地定级评估时所遇扩散点是指进行某项评估因素量化时，该因素作用分值扩散过程中遇到河流、铁路等具有明显阻隔作用的间断处。当进行县级城市土地定级评估当中某项评估因素影响作用衰减这一环节时，遇到不可直接跨越的阻隔地物或扩散点，一般处理方式为，以可通行处为新起点，明确新起点处该项评估因素的作用分值以及剩余的影响半径，重新进行衰减环节后获得该项评估因素的作用分值，而当县级城市土地中不可直接跨越的阻隔地物或扩散点具有较多的通行处时，可以忽视其存在。

（三）县级城市土地定级评估扩散性评估因素的扩散分析

县级城市土地定级评估扩散性评估因素的扩散分析，主要利用城镇土地定级估价系统软件（JTInfo）进行，整个扩散过程由计算机自动完成。扩散过程中，需要考虑县级城市土地利用的实际情况、扩散点、扩散规律（前述计算公式中所列指数衰减方式或直线衰减方式）、扩散性评估因素中心位置、扩散性评估因素影响半径等影响。

（四）县级城市土地定级评估单元作用分值取值规则

县级城市土地定级评估单元获得作用分值主要利用城镇土地定级估价系统软件（JTInfo）。根据不同评估因素量化过程的差异，对于需要通过扩散过程获得作用分值的评估因素，通过空间叠加分析的方式将作用分值赋予各个县级城市土地定级评估单元，并且以县级城市土地评估单元几何中心点的作用分值作为县级城市土地评估单元的分值。对于以区域赋值方法获得作用分值的评估因素，当县级城市土地评估单元处于同一作用分值区时，直接将作用分值赋予各个县级城市土地定级评估单元，当县级城市土地评估单元处于不同作用分值区时，以评估因素在不同作用分值区的面积比作为权重值，取不同作用分值的加权值作为县级城市土地评估单元的作用分值。

（五）县级城市土地定级原则

县级城市土地级别划分要保证县级城市土地级别的高低与县级城市土地的质量成正比，即两者之间的对应关系应基本一致；县级城市土地各个级别之间不应有明显突变、断层，应保证各个级别之间有渐变过程，同时，相邻县级城市土地评估单元被赋予的土地级别应避免差异过大；收益差异明显应是县级城市土地定级的重要依据；在具体落实县级城市土地定级评估边界时，要保持城市土地范围内自然地物以及宗地的完整性；县级城市土地定级的主要目的之一为方便县级城市的应用实践，保证县级城市土地定级评估成果的一望而知，具有地域突变特征的自然界线与人工界线应优先作为县级城市土地不同级别之间的分界线。

（六）县级城市土地级别初步划分

县级城市土地级别初步划分时的评估因素应相同，并且县级城市土地定级评估单元的每项总作用分值只能对应一个等级，根据县级城市土地评估结果的实际状况初步形成1—2个方案。县级城市土地级别初步划分常用的方法主要包括总分数轴确定法、总分频率曲线法以及总分剖面图法。总分数轴确定法的基本思路为将县级城市土地评估总作用分值点绘制于数轴，观察总作用分值分布情况，当某一数值处点数稀少时，可作为县级城市土地分级界线。总分频率曲线法的基本思路为对县级城市土地评估总作用分值进行分析，绘制相应的频率直方图，频率分布突变处可作为县级城市土地分级界线。总分剖面图法的基本思路为沿着县级城市若干方向绘制县级城市土地评估总作用分值变化剖面，剖面线突变段可作为县级城市土地分级界线。

（七）县级城市土地级别验证

对县级城市土地初步划定级别进行验证通常借鉴级差收益法（王拉娣，1998；刘伟等，1998；葛京凤等，1999；何伟等，2007；武枝等，2013）或市场交易价格法进行验证（李成刚，2004；张秋玲，2009；陈露露，2011）。运用县级城市土地级差收益验证县级城市土地定级结果，首先需要获取初步划定的每一级别县级城市土地上每种行业的收益水平，在此基础上，获取每种行业的最低收益水平，然后计算县级城市土地每种行业的平均收益减去对应行业的最低收益水平，获得县级城市每一级别土地的收益水平，扣除单位面积县级城市每一级别土地资金占有额、工资总额，获得县级城市土地各级差收益，基于此，对初步划定的县级城市土地级别进行校验、调整。运用县级城市土地市场交易价格验证县级城市土地定级结果，首先将县级城市土地条件与地价相似的区域划分为县级城市土地均质地域，计算获得每个县级城市土地均质地域的平均地价后，确定不同县级城市土地级别对应的平均地价区间，基于此，对初步划定的县级城市土地级别进行校验、调整。

第二节　县级城市土地基准地价评估方法体系构建

县级城市土地基准地价评估主要指县级具有不同等级、不同用途的城市土地，在一定时期内使用权的平均价格，反映了县级城市土地利用的实际经济效果。县级城市土地基准地价评估总体思路如下：（1）县级城市商业用地、住宅用地、工业用地基准地价评估内涵界定；（2）县级城市商业用地、住宅用地、工业用地基准地价评估资料调查与整理；（3）县级城市商业用地、住宅用地、工业用地市场交易样点基准地价评估；（4）县级城市商业用地、住宅用地、工业用地基准地价评估参数确定；（5）县级城市商业用地、住宅用地、工业用地基准地价确定与分析。

一、县级城市土地基准地价内涵界定

结合县级城市土地实际状况，对县级城市土地基准地价评估基准日、县级城市土地权力状况、县级城市土地用途、县级城市土地容积率、县级城市土地使用年限、县级城市土地还原率、县级城市土地开发程度等基准地价内涵进行界定。

二、县级城市土地基准地价评估资料调查与整理

对县级城市土地基准地价评估资料进行调查，可以采用

普查、抽查和重点调查（林坚等，2003；赵晓铃等，2005；张海荣等，2017）等方法进行。将收集到的县级城市土地样点资料按交易类型进行归类，剔除不符合要求的样点后按照统一编号输入Excel表中，并将样点的空间位置和编号标注到工作底图上。

三、县级城市土地市场交易样点基准地价评估

（一）县级城市商业用地市场交易样点基准地价评估

县级城市商业用地市场交易样点基准地价评估在运用收益还原法评估县级城市商业用地房屋出租样点基准地价、运用剩余法评估县级城市商业用地商品房开发销售样点基准地价以及运用县级城市商业用地招、拍、挂样点评估县级城市商业用地市场交易样点基准地价的基础上，对评估数据进行修正并将异常数据剔除后得到最终的县级城市商业用地市场交易样点基准地价。

1. 县级城市商业用地房屋出租样点基准地价评估

运用收益还原法评估县级城市商业用地房屋出租样点基准地价的基本思路为将估算的未来每年县级城市商业用地房屋出租样点纯收益，通过县级城市商业用地土地还原率将样点纯收益折算为县级城市商业用地房屋出租样点评估日期的基准地价。运用收益还原法评估县级城市商业用地房屋出租样点基准地价主要分为以下10种情况，县级城市进行相关评估时可根据

实际情况选取相应计算公式。

（1）当县级城市商业用地土地还原率未发生变化并且县级城市商业用地使用年期无限制时，按照下列公式评估县级城市商业用地房屋出租样点基准地价。

$$P = \frac{a}{r}$$

式中：

P 代表县级城市商业用地房屋出租样点基准地价；

a 代表县级城市商业用地房屋出租样点纯收益；

r 代表县级城市商业用地土地还原率。

（2）当县级城市商业用地房屋出租样点纯收益以及县级城市商业用地土地还原率未发生变化，并且县级城市商业用地有使用年限时，按照下列公式评估县级城市商业用地房屋出租样点基准地价。

$$P = \frac{a}{r} \left[1 - \frac{1}{(1+r)^n} \right]$$

式中：

P 代表县级城市商业用地房屋出租样点基准地价；

a 代表县级城市商业用地房屋出租样点纯收益；

r 代表县级城市商业用地土地还原率；

n 代表县级城市商业用地的使用年期。

（3）当县级城市商业用地房屋出租样点纯收益在若干年期内有变化，县级城市商业用地土地还原率未发生变化，并且县级城市商业用地使用年期无限制时，按照下列公式评估县级城市商业用地房屋出租样点基准地价。

$$P = \sum_{i=1}^{t} \frac{a_i}{(1+r)^i} + \frac{a}{r(1+r)^t}$$

式中：

P 代表县级城市商业用地房屋出租样点基准地价；

a_i 代表县级城市商业用地第 i 年的房屋出租样点纯收益；

t 代表县级城市商业用地房屋出租样点纯收益有变化的年期；

a 代表县级城市商业用地房屋出租样点无变化年期的纯收益；

r 代表县级城市商业用地土地还原率。

（4）当县级城市商业用地房屋出租样点纯收益在若干年期内有变化，县级城市商业用地土地还原率未发生变化，并且县级城市商业用地有使用年限时，按照下列公式评估县级城市商业用地房屋出租样点基准地价。

$$P = \sum_{i=1}^{t} \frac{a_i}{(1+r)^i} + \frac{a}{r(1+r)^t} \left[1 - \frac{1}{(1+r)^{n-t}} \right]$$

式中：

P 代表县级城市商业用地房屋出租样点基准地价；

a_i 代表县级城市商业用地第 i 年的房屋出租样点纯收益；

t 代表县级城市商业用地房屋出租样点纯收益有变化的年期；

a 代表县级城市商业用地房屋出租样点无变化年期的纯收益；

r 代表县级城市商业用地土地还原率；

n 代表县级城市商业用地的使用年期。

（5）当县级城市商业用地房屋出租样点纯收益在未来某年已知，在该年之前的县级城市商业用地房屋出租样点纯收益有变化，县级城市商业用地土地还原率未发生变化，并且县级城市商业用地使用年期无限制时，按照下列公式评估县级城市商业用地房屋出租样点基准地价。

$$P = \sum_{i=1}^{t-1} \frac{a_i}{(1+r)^i} + \frac{P_t}{(1+r)^t}$$

式中：

P 代表县级城市商业用地房屋出租样点基准地价；

a_i 代表县级城市商业用地第 i 年的房屋出租样点纯收益；

t 代表县级城市商业用地房屋出租样点未来已知纯收益的年期；

P_t 代表县级城市商业用地房屋出租样点未来第 t 年的纯收益；

r 代表县级城市商业用地土地还原率。

（6）当县级城市商业用地房屋出租样点纯收益按等差级数递增或递减，县级城市商业用地土地还原率未发生变化，并且县级城市商业用地使用年期无限制时，按照下列公式评估县级城市商业用地房屋出租样点基准地价。

$$P = \frac{a}{r} \pm \frac{b}{r^2}$$

式中：

  P 代表县级城市商业用地房屋出租样点基准地价；

  a 代表县级城市商业用地第一年的房屋出租样点纯收益；

  b 代表县级城市商业用地房屋出租样点纯收益的等差级数递增或递减数额；

  r 代表县级城市商业用地土地还原率。

  （7）当县级城市商业用地房屋出租样点纯收益按等差级数递增或递减，县级城市商业用地土地还原率未发生变化，并且县级城市商业用地有使用年限时，按照下列公式评估县级城市商业用地房屋出租样点基准地价。

$$P=\left(\frac{a}{r}\pm\frac{b}{r^2}\right)\times\left[1-\frac{1}{(1+r)^n}\right]\mp\frac{b}{r}\times\frac{n}{(1+r)^n}$$

  式中：

  P 代表县级城市商业用地房屋出租样点基准地价；

  a 代表县级城市商业用地第一年的房屋出租样点纯收益；

  b 代表县级城市商业用地房屋出租样点纯收益的等差级数递增或递减数额；

  r 代表县级城市商业用地土地还原率；

  n 代表县级城市商业用地的使用年期。

  （8）当县级城市商业用地房屋出租样点纯收益按一定比率逐年递增或递减，县级城市商业用地土地还原率未发生变化，并且县级城市商业用地使用年期无限制时，按照下列公式评估县级城市商业用地房屋出租样点基准地价。

$$P = \frac{a}{r \mp s}$$

式中：

P 代表县级城市商业用地房屋出租样点基准地价；

a 代表县级城市商业用地第一年的房屋出租样点纯收益；

r 代表县级城市商业用地土地还原率；

s 代表县级城市商业用地房屋出租样点纯收益逐年递增或递减的比率。

（9）当县级城市商业用地房屋出租样点纯收益按一定比率逐年递增或递减，县级城市商业用地土地还原率未发生变化，并且县级城市商业用地有使用年限时，按照下列公式评估县级城市商业用地房屋出租样点基准地价。

$$P = \frac{a}{r \mp s}\left[1 - \left(\frac{1 \pm s}{(1+r)}\right)^{n}\right]$$

式中：

P 代表县级城市商业用地房屋出租样点基准地价；

a 代表县级城市商业用地第一年的房屋出租样点纯收益；

r 代表县级城市商业用地土地还原率；

s 代表县级城市商业用地房屋出租样点纯收益逐年递增或递减的比率；

n 代表县级城市商业用地的使用年期。

（10）当县级城市商业用地房屋出租样点纯收益以及县级城市商业用地土地还原率每年发生变化时，按照下列公式评估县级城市商业用地房屋出租样点基准地价。该公式是县级城市商业用地房屋出租样点基准地价评估的最一般形式，前述各项公式均为县级城市商业用地房屋出租样点基准地价评估的特殊情况。

$$P = \frac{a_1}{(1+r)} + \frac{a_2}{(1+r_1)(1+r_2)} + \cdots + \frac{a_n}{(1+r_1)(1+r_2)\cdots(1+r_n)}$$

式中：

P 代表县级城市商业用地房屋出租样点基准地价；

a_1，a_2，a_n 代表县级城市商业用地每一年的房屋出租样点纯收益；

r_1，r_2，r_n 代表县级城市商业用地每年的土地还原率；

n 代表县级城市商业用地的有限或无限使用年期。

县级城市商业用地房屋出租样点纯收益为县级城市商业用地房屋出租样点总收入扣除县级城市商业用地房屋出租样点总费用再扣除县级城市商业用地房屋出租样点房屋出租纯收益的剩余值。县级城市商业用地房屋出租样点房屋出租纯收益=县级城市商业用地房屋出租样点房屋现值×县级城市商业用地房屋还原率，县级城市商业用地房屋出租样点房屋现值=县级城市商业用地房屋出租样点房屋重置价—[县级城市商业用地房屋出租样点房屋重置价—（1—县级城市商业用地房屋出租样点房屋残值率）/县级城市商业用地房屋出租样点房屋耐用年限]×县级城市商业用地房屋出租样点房屋已使用年限。

2. 县级城市商业用地商品房开发销售样点基准地价评估

运用剩余法评估县级城市商业用地商品房开发销售样点

基准地价的基本思路为在估算县级城市商业用地商品房开发销售样点中已开发完成后的商品房预期销售收入基础上，扣除县级城市商业用地商品房开发销售样点土地开发费用、县级城市商业用地商品房开发销售样点商品房开发建设成本、县级城市商业用地商品房开发销售样点商品房开发中向税务机关缴纳的税费、县级城市商业用地商品房开发销售样点商品房开发商所用开发资金需支付的利息，以及县级城市商业用地商品房开发销售样点商品房开发应取得的利润后，将余额作为县级城市商业用地商品房开发销售样点基准地价。按照下列公式评估县级城市商业用地商品房开发销售样点基准地价。

$$P = P^x - \left(P^y \times S_1\right) - \left(P^z \times S_2\right) - T - B - I$$

式中：

P 代表县级城市商业用地商品房开发销售样点基准地价；

P^x 代表县级城市商业用地商品房开发销售样点已开发商品房预期销售收入；

P^y 代表县级城市商业用地商品房开发销售样点单位面积；

S_1 代表县级城市商业用地商品房开发销售样点土地开发面积；

P^z 代表县级城市商业用地商品房开发销售样点单位面积商品房建安造价；

S_2 代表县级城市商业用地商品房开发销售样点总建筑面积；

T 代表县级城市商业用地商品房开发销售样点商品房开发

中向税务机关缴纳的税费；

B 代表县级城市商业用地商品房开发销售样点商品房开发商所用开发资金需支付的利息；

I 代表县级城市商业用地商品房开发销售样点商品房开发应取得的利润。

3. 县级城市商业用地招、拍、挂样点基准地价评估

按照下列公式评估县级城市商业用地招、拍、挂样点基准地价。

$$P = V$$

式中：

P 代表县级城市商业用地招、拍、挂样点基准地价；

V 代表县级城市商业用地招、拍、挂样点商业用地出让价格。

4. 县级城市商业用地市场交易样点基准地价修正

县级城市商业用地市场交易样点基准地价需要经过出让年期、估价期日、容积率、交易情况、土地开发程度修正。

（1）县级城市商业用地市场交易样点基准地价出让年期修正

按照下列公式对县级城市商业用地市场交易样点基准地价进行出让年期修正。

$$K_m = \frac{1 - \dfrac{1}{(1+r)^m}}{1 - \dfrac{1}{(1+r)^n}}$$

式中：

K_m 商业用地市场交易样点基准地价出让年期修正系数；

m 代表县级城市商业用地最高出让年期；

n 代表县级城市商业用地市场交易样点实际使用年期或剩余使用年期；

r 代表县级城市商业用地土地还原率。

（2）县级城市商业用地市场交易样点基准地价估价期日修正

按照下列公式对县级城市商业用地市场交易样点基准地价进行估价期日修正。

$$K_t = \frac{Q}{Q_0}$$

式中：

K_t 代表县级城市商业用地市场交易样点基准地价估价期日修正系数；

Q 代表县级城市商业用地市场交易样点估价期日的地价指数；

Q_0 代表县级城市商业用地交易时日的地价指数。

（3）县级城市商业用地市场交易样点基准地价容积率修正

按照下列公式对县级城市商业用地市场交易样点基准地

价进行容积率修正。

$$K_r = \frac{P_r}{P_{r0}}$$

式中：

K_r 代表县级城市商业用地市场交易样点基准地价容积率修正系数；

P_r 代表县级城市商业用地规定容积率下单位面积平均地价；

P_{r0} 代表县级城市商业用地某一容积率下单位面积平均地价。

（4）县级城市商业用地市场交易样点基准地价交易情况修正

县级城市商业用地市场交易样点基准地价交易情况修正要把县级城市商业用地市场交易样点中产生不正常交易状况的样点修正到正常县级城市商业用地交易市场状况下的交易地价。

（5）县级城市商业用地市场交易样点基准地价土地开发程度修正

按照下列公式对县级城市商业用地市场交易样点基准地价进行土地开发程度修正。

$$K_d = \frac{P_d}{P_{d0}}$$

式中：

K_d 代表县级城市商业用地市场交易样点基准地价土地开发程度系数；

P_d 代表县级城市商业用地平均开发程度下单位面积平均

地价；

P_{d0} 代表县级城市商业用地某一开发程度下单位面积平均地价。

对修正后的县级城市商业用地市场交易样点基准地价运用均值方差法进行检验，依据县级城市商业用地定级评估结果，将处于同一级别内的商业用地市场交易样点基准地价客观排序并得出平均值和标准差，剔除标准值加三倍方差的样点基准地价后，计算县级城市商业用地不同级别内样点基准地价的平均值。

（二）县级城市住宅用地市场交易样点基准地价评估

县级城市住宅用地市场交易样点基准地价评估在运用收益还原法评估县级城市住宅用地房屋出租样点基准地价、运用剩余法评估县级城市住宅用地商品房开发销售样点基准地价，以及运用县级城市住宅用地招、拍、挂样点评估县级城市住宅用地市场交易样点基准地价的基础上，对评估数据进行修正并将异常数据剔除后得到最终的县级城市住宅用地市场交易样点基准地价。

1. 县级城市住宅用地房屋出租样点基准地价评估

运用收益还原法评估县级城市住宅用地房屋出租样点基准地价的基本思路为将估算的未来每年县级城市住宅用地房屋出租样点纯收益，通过县级城市住宅用地土地还原率将样点纯收益折算为县级城市住宅用地房屋出租样点评估日期的基准地价。运用收益还原法评估县级城市住宅用地房屋出租样点基准地价主要分为以下十种情况，县级城市进行相关评估时可根据实际情况选取相应计算公式：

（1）当县级城市住宅用地土地还原率未发生变化并且县级城市住宅用地使用年期无限制时，按照下列公式评估县级城市住宅用地房屋出租样点基准地价。

$$P = \frac{a}{r}$$

式中：

P 代表县级城市住宅用地房屋出租样点基准地价；

a 代表县级城市住宅用地房屋出租样点纯收益；

r 代表县级城市住宅用地土地还原率。

（2）当县级城市住宅用地房屋出租样点纯收益以及县级城市住宅用地土地还原率未发生变化，并且县级城市住宅用地有使用年限时，按照下列公式评估县级城市住宅用地房屋出租样点基准地价。

$$P = \frac{a}{r}\left[1 - \frac{1}{(1+r)^n}\right]$$

式中：

P 代表县级城市住宅用地房屋出租样点基准地价；

a 代表县级城市住宅用地房屋出租样点纯收益；

r 代表县级城市住宅用地土地还原率；

n 代表县级城市住宅用地的使用年期。

（3）当县级城市住宅用地房屋出租样点纯收益在若干年

期内有变化，县级城市住宅用地土地还原率未发生变化，并且县级城市住宅用地使用年期无限制时，按照下列公式评估县级城市住宅用地房屋出租样点基准地价。

$$P = \sum_{i=1}^{t} \frac{a_i}{(1+r)^i} + \frac{a}{r(1+r)^t}$$

式中：

P 代表县级城市住宅用地房屋出租样点基准地价；

a_i 代表县级城市住宅用地第 i 年的房屋出租样点纯收益；

t 代表县级城市住宅用地房屋出租样点纯收益有变化的年期；

a 代表县级城市住宅用地房屋出租样点无变化年期的纯收益；

r 代表县级城市住宅用地土地还原率。

（4）当县级城市住宅用地房屋出租样点纯收益在若干年期内有变化，县级城市住宅用地土地还原率未发生变化，并且县级城市住宅用地有使用年限时，按照下列公式评估县级城市住宅用地房屋出租样点基准地价。

$$P = \sum_{i=1}^{t} \frac{a_i}{(1+r)^i} + \frac{a}{r(1+r)^t} \left[1 - \frac{1}{(1+r)^{n-t}} \right]$$

式中：

P 代表县级城市住宅用地房屋出租样点基准地价；

a_i 代表县级城市住宅用地第 i 年的房屋出租样点纯收益；

t 代表县级城市住宅用地房屋出租样点纯收益有变化的年期；

a 代表县级城市住宅用地房屋出租样点无变化年期的纯收益；

r 代表县级城市住宅用地土地还原率；

n 代表县级城市住宅用地的使用年期。

（5）当县级城市住宅用地房屋出租样点纯收益在未来某年已知，在该年之前的县级城市住宅用地房屋出租样点纯收益有变化，县级城市住宅用地土地还原率未发生变化，并且县级城市住宅用地使用年期无限制时，按照下列公式评估县级城市住宅用地房屋出租样点基准地价。

$$P = \sum_{i=1}^{t-1} \frac{a_i}{(1+r)^i} + \frac{P_t}{(1+r)^t}$$

式中：

P 代表县级城市住宅用地房屋出租样点基准地价；

a_i 代表县级城市住宅用地第 i 年的房屋出租样点纯收益；

t 代表县级城市住宅用地房屋出租样点未来已知纯收益的年期；

P_t 代表县级城市住宅用地房屋出租样点未来第 t 年的纯收益；

r 代表县级城市住宅用地土地还原率。

（6）当县级城市住宅用地房屋出租样点纯收益按等差级数递增或递减，县级城市住宅用地土地还原率未发生变化，并且县级城市住宅用地使用年期无限制时，按照下列公式评估县级城市住宅用地房屋出租样点基准地价。

$$P = \frac{a}{r} \pm \frac{b}{r^2}$$

式中：

P 代表县级城市住宅用地房屋出租样点基准地价；

a 代表县级城市住宅用地第一年的房屋出租样点纯收益；

b 代表县级城市住宅用地房屋出租样点纯收益的等差级数递增或递减数额；

r 代表县级城市住宅用地土地还原率。

（7）当县级城市住宅用地房屋出租样点纯收益按等差级数递增或递减，县级城市住宅用地土地还原率未发生变化，并且县级城市住宅用地有使用年限时，按照下列公式评估县级城市住宅用地房屋出租样点基准地价。

$$P = \left(\frac{a}{r} \pm \frac{b}{r^2} \right) \times \left[1 - \frac{1}{(1+r)^n} \right] \mp \frac{b}{r} \times \frac{n}{(1+r)^n}$$

式中：

P 代表县级城市住宅用地房屋出租样点基准地价；

a 代表县级城市住宅用地第一年的房屋出租样点纯收益；

b 代表县级城市住宅用地房屋出租样点纯收益的等差级数递增或递减数额；

r 代表县级城市住宅用地土地还原率；

n 代表县级城市住宅用地的使用年期。

（8）当县级城市住宅用地房屋出租样点纯收益按一定比率逐年递增或递减，县级城市住宅用地土地还原率未发生变化，并且县级城市住宅用地使用年期无限制时，按照下列公式评估县级城市住宅用地房屋出租样点基准地价。

$$P = \frac{a}{r \mp s}$$

式中：

P 代表县级城市住宅用地房屋出租样点基准地价；

a 代表县级城市住宅用地第一年的房屋出租样点纯收益；

r 代表县级城市住宅用地土地还原率；

S 代表县级城市住宅用地房屋出租样点纯收益逐年递增或递减的比率。

（9）当县级城市住宅用地房屋出租样点纯收益按一定比率逐年递增或递减，县级城市住宅用地土地还原率未发生变化，并且县级城市住宅用地有使用年限时，按照下列公式评估县级城市住宅用地房屋出租样点基准地价。

$$P = \frac{a}{r \mp s} \left[1 - \left(\frac{1 \pm s}{(1+r)} \right)^n \right]$$

式中：

P 代表县级城市住宅用地房屋出租样点基准地价；

a 代表县级城市住宅用地第一年的房屋出租样点纯收益；

r 代表县级城市住宅用地土地还原率；

S 代表县级城市住宅用地房屋出租样点纯收益逐年递增或递减的比率；

n 代表县级城市住宅用地的使用年期。

（10）当县级城市住宅用地房屋出租样点纯收益以及县级城市住宅用地土地还原率每年发生变化时，按照下列公式评估县级城市住宅用地房屋出租样点基准地价。该公式是县级城市住宅用地房屋出租样点基准地价评估的最一般形式，前述各项公式均为县级城市住宅用地房屋出租样点基准地价评估的特殊情况。

$$P = \frac{a_1}{(1+r)} + \frac{a_2}{(1+r_1)(1+r_2)} + \cdots + \frac{a_n}{(1+r_1)(1+r_2)\cdots(1+r_n)}$$

式中：

P 代表县级城市住宅用地房屋出租样点基准地价；

a_1，a_2，a_n 代表县级城市住宅用地每一年的房屋出租样点纯收益；

r_1，r_2，r_n 代表县级城市住宅用地每年的土地还原率；

n 代表县级城市住宅用地的有限或无限使用年期。

县级城市住宅用地房屋出租样点纯收益为县级城市住宅用地房屋出租样点总收入扣除县级城市住宅用地房屋出租样点总费用再扣除县级城市住宅用地房屋出租样点房屋出租纯收益的剩余值。县级城市住宅用地房屋出租样点房屋出租纯收益=县级城市住宅用地房屋出租样点房屋现值×县级城市住宅用地房屋还原率，县级城市住宅用地房屋出租样点房屋现值=县级城市住宅用地房屋出租样点房屋重置价—[县级城市住宅用地房屋出租样点房屋重置价—（1—县级城市住宅用地房屋出租样点房屋残值率）/县级城市住宅用地房屋出租样点房屋耐用年限]×县级城市住宅用地房屋出租样点房屋已使用年限。

2. 县级城市住宅用地商品房开发销售样点基准地价评估

运用剩余法评估县级城市住宅用地商品房开发销售样点基准地价的基本思路为在估算县级城市住宅用地商品房开发销售样点中已开发完成后的商品房预期销售收入基础上，扣除县级城市住宅用地商品房开发销售样点土地开发费用、县级城市住宅用地商品房开发销售样点商品房开发建设成本、县级城市住宅用地商品房开发销售样点商品房开发中向税务机关缴纳的税费、县级城市住宅用地商品房开发销售样点商品房开发商所用开发资金需支付的利息，以及县级城市住宅用地商品房开发销售样点商品房开发应取得的利润后，将余额作为县级城市住宅用地商品房开发销售样点基准地价。按照下列公式评估县级城市住宅用地商品房开发销售样点基准地价。

$$P = P^x - \left(P^y \times S_1\right) - \left(P^z \times S_2\right) - T - B - I$$

式中：

P 代表县级城市住宅用地商品房开发销售样点基准地价；

P^x 代表县级城市住宅用地商品房开发销售样点已开发商品房预期销售收入；

P^y 代表县级城市住宅用地商品房开发销售样点单位面积；

S_1 代表县级城市住宅用地商品房开发销售样点土地开发面积；

P^z 代表县级城市住宅用地商品房开发销售样点单位面积商品房建安造价；

S_2 代表县级城市住宅用地商品房开发销售样点总建筑

面积；

T 代表县级城市住宅用地商品房开发销售样点商品房开发中向税务机关缴纳的税费；

B 代表县级城市住宅用地商品房开发销售样点商品房开发商所用开发资金需支付的利息；

I 代表县级城市住宅用地商品房开发销售样点商品房开发应取得的利润。

3. 县级城市住宅用地招、拍、挂样点基准地价评估

按照下列公式评估县级城市住宅用地招、拍、挂样点基准地价。

$$P = V$$

式中：

P 代表县级城市住宅用地招、拍、挂样点基准地价；

V 代表县级城市住宅用地招、拍、挂样点住宅用地出让价格。

4．县级城市住宅用地市场交易样点基准地价修正

县级城市住宅用地市场交易样点基准地价需要经过出让年期、估价期日、容积率、交易情况、土地开发程度修正。

（1）县级城市住宅用地市场交易样点基准地价出让年期修正

按照下列公式对县级城市住宅用地市场交易样点基准地价进行出让年期修正。

$$K_m = \frac{1 - \dfrac{1}{(1+r)^m}}{1 - \dfrac{1}{(1+r)^n}}$$

式中：

K_m 代表县级城市住宅用地市场交易样点基准地价出让年期修正系数；

m 代表县级城市住宅用地最高出让年期；

n 代表县级城市住宅用地市场交易样点实际使用年期或剩余使用年期；

r 代表县级城市住宅用地土地还原率。

（2）县级城市住宅用地市场交易样点基准地价估价期日修正

按照下列公式对县级城市住宅用地市场交易样点基准地价进行估价期日修正。

$$K_t = \frac{Q}{Q_0}$$

式中：

K_t 代表县级城市住宅用地市场交易样点基准地价估价期日修正系数；

Q 代表县级城市住宅用地市场交易样点估价期日的地价指数；

Q_0 代表县级城市住宅用地交易时日的地价指数。

（3）县级城市住宅用地市场交易样点基准地价容积率修正

按照下列公式对县级城市住宅用地市场交易样点基准地价进行容积率修正。

$$K_r = \frac{P_r}{P_{r0}}$$

式中：

K_r 代表县级城市住宅用地市场交易样点基准地价容积率修正系数；

P_r 代表县级城市住宅用地规定容积率下单位面积平均地价；

P_{r0} 代表县级城市住宅用地某一容积率下单位面积平均地价。

（4）县级城市住宅用地市场交易样点基准地价交易情况修正

县级城市住宅用地市场交易样点基准地价交易情况修正要把县级城市住宅用地市场交易样点中产生不正常交易状况的样点修正到正常县级城市住宅用地交易市场状况下的交易地价。

（5）县级城市住宅用地市场交易样点基准地价土地开发程度修正

按照下列公式对县级城市住宅用地市场交易样点基准地价进行土地开发程度修正。

$$K_d = \frac{P_d}{P_{d0}}$$

式中：

K_d 代表县级城市住宅用地市场交易样点基准地价土地开发程度系数；

P_d 代表县级城市住宅用地平均开发程度下单位面积平均地价；

P_{d0} 代表县级城市住宅用地某一开发程度下单位面积平均地价。

对修正后的县级城市住宅用地市场交易样点基准地价运用均值方差法进行检验，依据县级城市住宅用地定级评估结果，将处于同一级别内的住宅用地市场交易样点基准地价客观排序并得出平均值和标准差，剔除标准值加三倍方差的样点基准地价后，计算县级城市住宅用地不同级别内样点基准地价的平均值。

（三）县级城市工业用地市场交易样点基准地价评估

县级城市工业用地市场交易样点基准地价评估建议运用成本逼近法，并运用县级城市工业用地招、拍、挂样点评估县级城市工业用地市场交易样点基准地价，对评估数据进行修正并将异常数据剔除后，得到最终的县级城市工业用地市场交易样点基准地价。

1. 县级城市工业用地市场交易样点基准地价评估

运用成本逼近法评估县级城市工业用地市场交易样点基准地价的基本思路为以县级城市工业用地市场交易样点土地取

得费用和土地开发费用为基础，加上两项费用产生的利息以及利润，同时要考虑国家对县级城市工业用地市场交易样点土地所有权的经济需要，再加上县级城市工业用地市场交易样点土地使用权取得所获增值收益，得到县级城市工业用地市场交易样点基准地价。按照下列公式评估县级城市工业用地市场交易样点基准地价。

县级城市工业用地市场交易样点基准地价＝县级城市工业用地市场交易样点土地取得费+县级城市工业用地市场交易样点土地开发费用+县级城市工业用地市场交易样点土地使用权取得应向税务机关缴纳的税费+县级城市工业用地市场交易样点土地使用权取得需支付的利息+县级城市工业用地市场交易样点土地使用权取得应取得的利润+县级城市工业用地市场交易样点土地使用权取得所获增值收益。

2. 县级城市工业用地招、拍、挂样点基准地价评估

按照下列公式评估县级城市住宅用地招、拍、挂样点基准地价。

$$P = V$$

式中：

P 代表县级城市住宅用地招、拍、挂样点基准地价；

V 代表县级城市工业用地招、拍、挂样点工业用地出让价格。

3. 县级城市工业用地市场交易样点基准地价修正

县级城市工业用地市场交易样点基准地价需要经过出让年期、估价期日、交易情况、土地开发程度修正。

（1）县级城市工业用地市场交易样点基准地价出让年期修正

按照下列公式对县级城市工业用地市场交易样点基准地价进行出让年期修正。

$$K_m = \frac{1 - \dfrac{1}{(1+r)^m}}{1 - \dfrac{1}{(1+r)^n}}$$

式中：

K_m 代表县级城市工业用地市场交易样点基准地价出让年期修正系数；

m 代表县级城市工业用地最高出让年期；

n 代表县级城市工业用地市场交易样点实际使用年期或剩余使用年期；

r 代表县级城市工业用地土地还原率。

（2）县级城市工业用地市场交易样点基准地价估价期日修正

按照下列公式对县级城市工业用地市场交易样点基准地价进行估价期日修正。

$$K_t = \frac{Q}{Q_0}$$

式中：

K_t 代表县级城市工业用地市场交易样点基准地价估价期日修正系数；

Q 代表县级城市工业用地市场交易样点估价期日的地价指数；

Q_0 代表县级城市工业用地交易时日的地价指数。

（3）县级城市工业用地市场交易样点基准地价交易情况修正

县级城市工业用地市场交易样点基准地价交易情况修正要把县级城市工业用地市场交易样点中产生不正常交易状况的样点修正到正常县级城市工业用地交易市场状况下的交易地价。

（4）县级城市工业用地市场交易样点基准地价土地开发程度修正

按照下列公式对县级城市工业用地市场交易样点基准地价进行土地开发程度修正。

$$K_d = \frac{P_d}{P_{d0}}$$

式中：

K_d 代表县级城市工业用地市场交易样点基准地价土地开发程度系数；

P_d 代表县级城市工业用地平均开发程度下单位面积平均地价；

P_{d0} 代表县级城市工业用地某一开发程度下单位面积平均地价。

对修正后的县级城市工业用地市场交易样点基准地价运用均值方差法进行检验，依据县级城市工业用地定级评估结果，将处于同一级别内的工业用地市场交易样点基准地价客观排序并得出平均值和标准差，剔除标准值加三倍方差的样点基准地价后，计算县级城市工业用地不同级别内样点基准地价的平均值。

四、县级城市土地基准地价评估参数确定

（一）县级城市商业用地、住宅用地、工业用地容积率确定

县级城市商业用地、住宅用地、工业用地容积率的确定，首先需要测算县级城市近三年来商业用地、住宅用地、工业用地市场交易样点的平均容积率，然后参考县级城市地籍调查中现状建设用地的平均容积率，通过与县级城市规划相关部门座谈，咨询相关意见，并结合县级城市待开发区域中容积率的控制指标，最终确定县级城市商业用地、住宅用地、工业用地容积率。

（二）县级城市商业用地、住宅用地、工业用地还原率确定

县级城市商业用地、住宅用地、工业用地土地还原率确定主要有土地纯收益与价格比率法、安全利率加风险调整值法、投资风险与投资收益率综合排序插入法（李静茹等，2017；刘雅雯，2022）。土地纯收益与价格比率法实质为依托若干县级城市商业用地、住宅用地、工业用地交易案例中县级城市商业用地、住宅用地、工业用地纯收益数据与县级城市商业用地、住宅用地、工业用地价格数据，将纯收益数据与价格数据相比得出县级城市商业用地、住宅用地、工业用地土地还原率，但该方法中县级城市商业用地、住宅用地、工业用地纯收益数据很难波动，预期测算结果较差，建议县级城市商业用地、住宅用地、工业用地土地还原率采用安全利率加风险调整值法，以及投资风险与投资收益率综合排序插入法。安全利率加风险调整值法将县级城市商业用地、住宅用地、工业用地土地还原率定义为县级城市安全利率，以及县级城市风险调整值之和，县级城市安全利率可设定为一定年限内县级城市国债年利率或县级城市银行定期存款年利率，县级城市风险调整值可根据县级城市商业用地、住宅用地、工业用地市场状况，以及县级城市社会经济发展状况确定。投资风险与投资收益率综合排序插入法主要基于对县级城市各项相关类型投资收益率和风险的调查，对其进行排序后综合研判县级城市商业用地、住宅用地、工业用地所对应的范围，确定县级城市商业用地、住宅

用地、工业用地土地还原率。

（三）县级城市商业用地、住宅用地、工业用地房屋还原率确定

县级城市商业用地、住宅用地、工业用地房屋还原率的确定一般基于县级城市商业用地、住宅用地、工业用地还原率确定，通常来讲，对于县级城市的房屋投资，其投资风险主要来源于国家房地产宏观经济政策影响、国家及地方房地产市场变化、国家及地方房地产价值波动、县级城市房屋拆旧补偿、县级城市房屋维护保全补偿等方面，客观而言，对县级城市房屋的投资风险要高于对县级城市土地的投资风险，县级城市商业用地、住宅用地、工业用地房屋还原率原则上在县级城市商业用地、住宅用地、工业用地土地还原率的基础上上浮1%—2%。

（四）县级城市土地房屋建安造价、耐用年限及残值率确定

县级城市土地房屋建安造价一般基于房屋安装工程中采暖、管道、机械等工程造价综合确定，县级城市土地房屋耐用年限及残值率一般基于地方政府公布标准以及县级城市历年相关数据确定。

（五）县级城市土地开发费用确定

县级城市土地开发费用的高低与县级城市土地开发程度

密切相关，一般基于县级城市土地开发程度投入标准确定，包括达到不同开发程度的县级城市土地被计入土地转让价格的"通""平"费用和基础设施费用。

（六）县级城市土地基准地价评估其它参数确定

1. 县级城市商业用地房屋出租样点基准地价评估其它评估参数确定

县级城市商业用地房屋出租样点基准地价评估其他评估参数主要包括管理费、维修费、保险费、税金、折旧费。

管理费指县级城市商业用地房屋出租样点中房屋进行必要管理所需的费用，一般按照县级城市商业用地房屋出租样点中房屋出租租金的2%计算；维修费指保障县级城市商业用地房屋样点中房屋正常出租所需支付的修缮费，一般按照县级城市商业用地出租样点中房屋重置价的2%计算；保险费指县级城市商业用地房屋出租样点房屋所有人为避免出租房屋意外损失向保险公司支付的费用，一般按照县级城市商业用地房屋出租样点中房屋重置价的0.2%计算；税金指县级城市商业用地房屋出租样点的房屋所有人应向税务机关缴纳的各项费用，一般以县级城市商业用地房屋出租样点中房屋出租租金为计算依据，包括12%的房产税、5%的增值税、5%的城市维护建设税、3%的教育税、2%的地方教育费附加税、1%的地方水利建设基金；折旧费指县级城市商业用地房屋出租样点中房屋出租后被使用中所损耗部分的价值，其计算公式为：县级城市商业用地房屋出租样点房屋重置价－（1－县级城市商业用地房屋出租样点房屋残值率）/县级城市商业用地房屋出租样点房屋耐用年限。

2. 县级城市商业用地商品房开发销售样点基准地价评估其他评估参数确定

县级城市商业用地商品房开发销售样点基准地价评估其他评估参数主要包括税金、利息、利润。

税金指县级城市商业用地商品房开发销售样点商品房开发中向税务机关缴纳的税费，分为城镇土地使用税和增值税金加附加，前者一般取值0.6—12元/平方米，后者以县级城市商业用地商品房开发销售样点商品房预期销售收入为依据，包括9%的增值税、5%的城市维护建设税、3%的教育税、2%的地方教育费附加税、1%的地方水利建设基金、0.05%的印花税、3%的契税。利息指县级城市商业用地商品房开发销售样点投资产生的利息，可由利息率计算，利息率一般以中国人民银行公布的一年期贷款年利息率计。利润指县级城市商业用地商品房开发销售样点投资产生的利润，可由利润率计算，利润率一般参考县级城市商业用地商品房开发销售利润率。

3. 县级城市住宅用地房屋出租样点基准地价评估其它评估参数确定

县级城市住宅用地房屋出租样点基准地价评估其他评估

参数主要包括管理费、维修费、保险费、税金、折旧费。

管理费指县级城市住宅用地房屋出租样点中房屋进行必要管理所需的费用，一般按照县级城市住宅用地房屋出租样点中房屋出租租金的2%计算；维修费指保障县级城市住宅用地房屋样点中房屋正常出租所需支付的修缮费，一般按照县级城市住宅用地出租样点中房屋重置价的2%计算；保险费指县级城市住宅用地房屋出租样点房屋所有人为避免出租房屋意外损失向保险公司支付的费用，一般按照县级城市住宅用地房屋出租样点中房屋重置价的0.2%计算；税金指县级城市住宅用地房屋出租样点的房屋所有人应向税务机关缴纳的各项费用，一般以县级城市住宅用地房屋出租样点中房屋出租租金为计算依据，包括12%的房产税、5%的增值税、5%的城市维护建设税、3%的教育税、2%的地方教育费附加税、1%的地方水利建设基金；折旧费指县级城市住宅用地房屋出租样点中房屋出租后被使用中所损耗部分的价值，其计算公式为：县级城市住宅用地房屋出租样点房屋重置价—（1—县级城市住宅用地房屋出租样点房屋残值率）/县级城市住宅用地房屋出租样点房屋耐用年限。

4. 县级城市住宅用地商品房开发销售样点基准地价评估其他评估参数确定

县级城市住宅用地商品房开发销售样点基准地价评估其他评估参数主要包括税金、利息、利润。

税金指县级城市住宅用地商品房开发销售样点商品房开

发中向税务机关缴纳的税费，分为城镇土地使用税和增值税金加附加，前者一般取值0.6—12元/平方米，后者以县级城市住宅用地商品房开发销售样点商品房预期销售收入为依据，包括9%的增值税、5%的城市维护建设税、3%的教育税、2%的地方教育费附加税、1%的地方水利建设基金、0.05%的印花税、1%的契税（首套或二套房且面积小于90平方米）或1.5%的契税（首套房且面积大于90平方米至144平方米）或2%的契税（二套房且面积大于90平方米）或3%的契税（首套房且面积大于144平方米、三套房及以上套数）。利息指县级城市住宅用地商品房开发销售样点投资产生的利息，可由利息率计算，利息率一般以中国人民银行公布的一年期贷款年利息率计。利润指县级城市住宅用地商品房开发销售样点投资产生的利润，可由利润率计算，利润率一般参考县级城市住宅用地商品房开发销售利润率。

5. 县级城市工业用地市场交易样点基准地价评估其它评估参数确定

县级城市工业用地市场交易样点基准地价评估其它评估参数主要包括土地取得费、税费、利息率、利润率、土地增值收益。

土地取得费指为取得县级城市工业用地市场交易样点土地向原土地所有权使用者支付的费用，包括土地补偿费、安置补助费、地上附着物和青苗补偿费、社会保障费，土地取得费中各项费用一般依据县级城市政府相关规定标准确定。税费指取得县级城市工业用地市场交易样点土地使用权应向税务机关缴纳的税费，包括耕地占用税、耕地开垦费，税费中各项费用一般依据县级城市政府相关规定标准确定。利息指县级城市工业用地市场交易样点投资产生的利息，可由利息率计算，利息率一般以中国人民银行公布的一年期贷款年利息率计。利润指县级城市工业用地市场交易样点投资产生的利润，可由利润率计算，利润率一般参考县级城市工业行业同期平均利润率。土地增值收益指对县级城市工业用地市场交易样点土地进行性能改变产生的收益。

五、县级城市土地基准地价确定与分析

县级城市土地基准地价确定分为初步确定以及最终确定两个过程。县级城市土地基准地价初步确定的基本思路为将修正合格后的县级城市商业用地、住宅用地、工业用地各个级别内的样点基准地价进行加和汇总，与各个级别内的样点个数相比，得出县级城市商业用地、住宅用地、工业用地各个级别的基准地价。

县级城市土地基准地价最终确定的基本思路为利用初步确定的县级城市商业用地、住宅用地、工业用地各个级别内的样点基准地价，结合县级城市商业用地、住宅用地、工业用地定级单元总分值，进行数据分析，建立样点基准地价与单元总分值之间的数学模型，将县级城市商业用地、住宅用地、工业用地各个级别平均分值代入模型，计算得出县级城市商业用

地、住宅用地、工业用地级别基准地价，征求专家意见，对级别基准地价进行充分论证、分析、调整，最终确定县级城市商业用地、住宅用地、工业用地各个级别的基准地价。

将最终确定结果与上一轮县级城市土地基准地价评估结果、本次县级城市商业用地、住宅用地、工业用地各个级别基准地价之间的差异、本次县级城市土地基准地价评估结果与县级城市土地供需的协调性、本次县级城市土地基准地价评估结果与县级城市房地产市场的协调性、本次县级城市土地基准地价评估结果与县级城市经济的协调性、本次县级城市工业用地基准地价评估结果与工业用地出让最低限价标准关系进行分析，进一步验证本次县级城市土地基准地价评估结果的适用性。

第三章　实证分析

第一节　研究区概述

一、沂源县基本情况概况

（一）位置境域概况

沂源县隶属山东省，地处中部，具体地理坐标为北纬35°55′—36°23′，东经117°48′—118°31′，从市级层面看，沂源县属于淄博市，位于最南端，如图1所示。沂源县全境面积为1636平方千米，境内包括南鲁山、鲁村、南麻、悦庄、大张庄、燕崖、石桥、中庄、东里、张家坡、西里11个乡镇以及历山街道等12个辖区，如图2所示。

图 1 沂源县位置

图 2 沂源县行政区划

（二）社会经济发展概况

多年来，沂源县按照"绿色农业、环保工业、山水城市、生态沂源"的发展思路，实施"工业立县、调整富民、旅游带动、开放拉动、环境兴县"的发展战略，积极适应经济发展新常态，加快转变发展方式，经济社会发展开创了新局面，跃上了新台阶。

作为全国旅游强县、山东省农副产品生产加工基地、鲁中南仓储物流节点，沂源县县级内产业布局形成"一城两园一基地"的发展格局。"一城"即中心城区；"两园"即牛郎织女生态文化旅游产业园和沂源鲁山溶洞群生态文化旅游产业园；"一基地"即有机农业产业基地，涵盖"一城""两园"以外的其他大部区域，主要发展有机农业、循环农业、都市农业及相关产业化经营项目。中心城区空间结构为"一心、三带、五片区"。一心：中部综合商贸服务中心；三带：沂河、螳螂河、儒林河滨水景观绿化带；五片区：南部现代物流集聚区、旅游生态保护区、西部生态宜居区、北部生态宜居区、东南部高端产业集聚区。

（三）基础设施概况

交通方面：沂源县对外交通便利，G22青兰高速公路横贯县级中部并设有鲁村、沂源、沂源东、张家坡4个出入口；S231张台线、S229沂邳线、G341胶海线、S234惠沂线、S232张鲁线、S317临历线6条普通国省道途径县级；瓦日铁路于城区以南横贯东西。近年来，实施了历山路、学前路城区道路建设改造、省道博沂路路面大中修复、黄家峪危险路段改线、县乡道大中修复、贫困村村道修复和农村危桥改造等工程；新开通公交线路、新增站点以及新建候车亭；人民路全线通车，历山路改造提升；启动沂邸线改建、华源路建设工程，县内第一座城市立交桥开工建设。

通水方面：沂源县供水水源主要为地下水源和田庄水库，实施了清水润城生态水系建设和城区供水水源及管网改造工程。目前建成生活用水水源4处，生活供水管网总长度110千米，DN100mm以上供水干管85千米，已形成了遍布全县的供水管线，供水普及率达到了99%。

排水方面：沂源县拥有日处理污水4万吨的污水处理厂一处。目前县内污水有以下两种排放方式，一是建城区内的工业废水由企业自行处理后排入市政管网与生活污水混合经污水处理厂处理后排入河道；二是建城区外工业废水由企业自行处理后排入河道。

通电通信方面：沂源县坚持推进智能电网建设，拥有悦庄220千伏变电站等12项输变电工程，通电设施经多年建设已形成高、低压通电网络。此外，沂源县通信基础设施逐年加强，中国移动、中国联通等通信网络覆盖全域。

供暖供气方面：沂源县供热方式以热电联产和集中供热为主，现阶段共拥有5炉5机装机容量8.3万KW的生产规模，拥有两座热交换站和八个混水站以及南、北、中、东苑、新兴工业园五条供热主管道。此外，沂源县一直以来非常注重管道天然气推广普及工作，境内天然气管网总里程达132千米，管道天然气已实现"镇镇通"。

公共服务方面：沂源县境内已建成国家Ⅰ期药物临床试验基地、全国首家二级医院院士工作站；县人民医院新院完成主体建设，并通过三级乙等综合医院评审，国家级胸痛中心和国家示范防治卒中中心形成。与此同时，"互联网+医疗健康"服务体系的构建使居民就医实现"一卡（码）通"；作为国家紧密型县级医共体试点县，取消公立医院医用耗材加成，使得医疗保障体系更加稳定可靠；随着县特困人员救助供养中心以及山东骏翔养老产业集团沂源分公司的设立，县内养老产业逐渐升级。

（四）环境概况

沂源县一直以来持续加强大气和水污染防治，日常生活中燃煤锅炉、挥发性有机物、扬尘、畜禽养殖污染等得到有效治理，一氧化碳等3项空气质量主要污染物指标达到国家一级标准，沂河出境断面水质稳定达到国家三类标准。因境内生态环境优良，沂源县入选首批山东省森林城市以及全国"百佳深呼吸小城"。

（五）发展目标及发展战略概况

发展目标：依托产业集聚化、农业现代化、资源均等化、低碳城市化，建设资源节约型和环境友好型社会，实现沂源县社会经济跨越式发展。

社会经济发展战略：（1）区域协同发展战略：在区域交通等重大基础设施建设上和淄博、济南及其周边县市接轨，融入淄博市及济南都市圈的基础设施平台体系；（2）积极和济南、淄博建立区域协调机制，建立重大发展问题的协调渠道；（3）建立中心城区乃至中心镇为节点的便捷、快速的交通通信体系，实现区域交通动脉的共享；（4）加强与周边区县的经济联系，进行多方面的经济合作，在合作中发展自己的特色经济，与周边区县实现功能互补、错位发展，避免同构竞争，并且积极发挥交通区位优势，加强区域联系，为仓储物流产业及旅游服务业的发展提供有力的支撑，以实现更大区域的协调发展；（5）增强中心城区对县级经济的辐射功能，推进城乡一体化；同时，加强城镇及农村基础设施建设，公共服务设施共同建设、共同享用。

生态保护发展战略：（1）划定生态斑块，建设生态廊道，保护生态基质的生态平衡，构建县级城乡一体的生态安全格局；（2）保护大气、水、声等环境，建设城乡一体的环卫系统，固体废弃物达到无害化、资源化的要求；（3）发展生态旅游、无公害绿色农业和清洁生产工业，发展循环经济，促进产业生态化发展；（4）县级范围内治理水土流失、加强对大气、山、水、农田、林地等的保护，通过山体绿化、湿地公园、河道整治、绿色农业、生态堤岸等，提升生态环境品质；（5）充分利用青山绿水的生态自然资源优势，打通城市景观廊道，达到见山、显山、赏山的效果，梳理滨水岸线，营造特色滨水空间。

（六）土地市场相关政策概况

由于沂源县隶属淄博市，房地产相关政策与淄博市执行政策一致。淄博市严格执行国家土地政策，并积极探索适合当地实情的具体实施办法。自2003年以来，淄博市先后出台《淄博市国有土地使用权出让条例》《淄博市国有土地上房屋征收与补偿实施办法》《淄博市土地监察条例》等土地管理政策法规，具体指导淄博市的土地公开出让、国有土地上附着物的征收补偿和合法使用土地等工作。2012年淄博市发布的《淄博市土地利用总体规划（2006—2020）》，大力推行节约集约利用土地资源，统筹利用城乡土地。2014年，全市划定了永久基本农田、城市开发边界、生态保护红线为核心的三条红线，采用科学手段全面保护土地、合理利用土地，施行严格的耕地保护政策。

为落实国家"房子是用来住的不是用来炒的"精神，淄博市房地产信贷政策进行了针对性调整。2018年3月20日，淄博市召开住房公积金管理委员会2018年第一次会议，不再实行住房公积金贷款最高申请额度为60万元的政策，对一、二套住房实行差别化贷款政策。即职工购买首套房申请公积金贷款的，最高贷款额度为60万元。职工购买二套房申请住房公积金贷款，夫妻双方均连续正常缴存住房公积金的，及家庭直系亲属合力贷款的，最高贷款额度为50万元。仅一方连续正常缴存住房公积金，最高贷款额度为40万元。公积金贷款的区别化政策，有利于保障购买首套房职工的利益，遏制了二套房的投资需求，有利于房地产市场的健康发展。

二、沂源县 2016—2018 年经济环境概况

依据2016—2018年沂源县国民经济和社会发展统计公报，国内生产总值增长率在2016年、2017年、2018年分别为7.2%、8.0%、7.9%，2018年与上年相比略有下降；公共财政预算收入增长率在2016年、2017年、2018年分别为5.9%、6.6%、7.0%，稳步增长；固定资产投资增长率在2016年、2017年、2018年分别为13.0%、5.5%、8.9%，2018年虽然比上一年度有所增加，但整体呈下降趋势；社会消费品零售额增长率在2016年、2017年、2018年分别为12.0%、12.0%、8.8%，2018年略有下降；城镇居民人均可支配收入增长率在2016年、2017年、2018年分别为8.0%、8.0%、7.2%。可见，2016—2018年，沂源县各项经济指标总体平稳，但部分指标呈现不同程度的增速下滑现象，昭示着沂源县社会经济运行总体平稳，发展速度放缓。

三、沂源县 2016—2018 年土地市场概况

（一）2016—2018年土地供应情况

依据沂源县2016—2018年国有建设用地招拍挂出让成交量统计，沂源县国有建设用地供应宗地数由2016年的22宗缩减到2017年的19宗后于2018年增加到40宗，建设用地供应面积由2016年的39.1公顷增加到2017年的49.3公顷再增加到2018年的129.15公顷，如表1所示。综合来看，2016—2018年，沂源县国有建设用地招拍挂出让成交宗地数先降后增，成交面积呈逐年上涨趋势，土地市场活跃度有一定提升。2018年成交宗地数量较2016年增长81.8%，2018年成交总面积较2016年增长230.2%，总体增幅较大。

表1　2016—2018年沂源县国有建设用地招拍挂出让成交量统计

年度	成交宗地数（宗）	成交总面积（公顷）
2016年	22	39.1
2017年	19	49.3
2018年	40	129.2

（二）2016—2018年不动产成交情况

依据沂源县2016—2018年不动产成交数据统计，2016年沂源县办理不动产交易登记3837套，销售面积48.9万平方米。2017年沂源县办理不动产交易登记4199套，销售面积52.9万平方米。2018年沂源县办理不动产交易登记1903套，销售面积

24.6万平方米，如表2所示。

表2　2016—2018年沂源县房地产成交情况统计

年度	交易登记数量（套）	销售面积（万平方米）
2016年	3837	48.9
2017年	4199	52.9
2018年	1903	24.6

从表2数据可以看出，沂源县不动产交易套数、销售建筑面积整体呈现先增后降的趋势。从不动产交易套数来看，2018年较2017年降低54.7%，2017年较2016年增长9.4%，但2018年较2016年则下降了50.4%。从销售建筑面积来看，2018年较2017年降低53.5%，2017年较2016年增加8.2%，但2018年较2016年下降了49.7%。

四、沂源县2016—2018年城区土地定级与基准地价评估结果概况

（一）沂源县2016—2018年城区土地定级与基准地价评估范围

沂源县2016—2018年城区土地定级与基准地价评估范围东至青岛路，南至青兰高速、沂河北岸，西至田庄水库、规划荆山西路、南麻大街，北至历山南麓、规划嵩山路、北外环，如图3所示。以沂源县城市总体规划图以及土地利用总体规划图为底图，对比沂源县2016—2018年城区土地定级与基准地价评估范围，详见图4、图5。

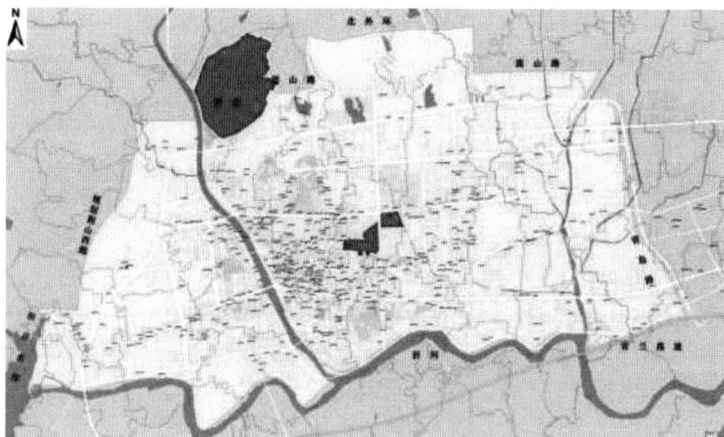

图 3 沂源县 2016—2018 年城区土地定级与基准地价评估范围

图 4 沂源县城市总体规划（图中黑线内为评估范）

图5　沂源县土地利用总体规划（图中黑线内为评估范围）

（二）沂源县2016—2018年城区商业用地、住宅用地、工业用地招拍挂成交宗地分布概况

2016—2018年沂源县城区招拍挂成交的商业用地分布较为零散，以批发零售用地为主，如图6所示。

图6　沂源县2016—2018年商业用地招拍挂交易宗地分布

随着环境、景观、基础设施和交通设施不断提升，2016—2018年沂源县城区招拍挂成交的住宅用地主要分布在中心城区北部、西部，如图7所示。

图7 沂源县 2016—2018 年住宅用地招拍挂交易宗地分布

2016—2018年沂源县城区工业成交用地主要分布在东部区域，中心城区已无工业用地成交案例，如图8所示。

图8 沂源县 2016—2018 年工业用地招拍挂交易宗地分布

（三）沂源县2016—2018年城区土地定级评估结果

沂源县2016—2018年城区土地级别划分是在严格按照土地分等定级规程，遵循土地级别划分原则的前提下，采用土地定级评估单元分值频率直方图法结合沂源县当地社会经济发展状况，并征求各方意见后综合确定的。评估结果基本上反映了不同用途、不同级别土地的条件及利用效益的差异，为城市规划、土地相关费用征收、土地政策制定和地价评估等提供了有益参考。沂源县2016—2018年城区将商业用地划分为5个级别如表3所示，住宅用地划分为5个级别如表4所示，工业用地划分为4个级别如表5所示。划分具体情况如下。

表3　2016—2018年沂源县城区商业用地级别统计

级别	面积（平方千米）	比例（%）
一	0.9	2.2
二	3.3	8.1
三	6.8	16.6
四	12.6	30.8
五	17.3	42.3

表4　2016—2018年沂源县城区住宅用地级别统计

级别	面积（平方千米）	比例（%）
一	1.6	3.9
二	7.2	17.6
三	6.1	14.9
四	13.3	32.5
五	12.7	31.1

表5　2016—2018 年沂源县城区工业用地级别统计

级别	面积（平方千米）	比例（％）
一	0.8	3.9
二	3.2	17.6
三	19.4	14.9
四	17.5	32.5

（四）沂源县2016—2018年城区土地基准地价评估结果

1. 沂源县2016—2018年城区土地基准地价内涵

沂源县2016—2018年城区土地权利属于完整国有土地使用权；基准日为2016年1月1日；沂源县2016—2018年城区商业用地、住宅用地、工业用地的容积率分别为1.6，1.3，1.0；沂源县2016—2018年城区商业用地、住宅用地、工业用地的使用年限分别为40年、70年、50年；沂源县2016—2018年城区商业用地、住宅用地、工业用地的土地还原率分别为6%、5%、4%；沂源县2016—2018年城区商业用地开发程度的设定为一、二、三级对应"七通一平"（包括通路、通电、通信、通水、排水、供热、通气以及场地平整），四级对应"六通一平"（较"七通一平"缺少供热），五级对应"五通一平"（较"六通一平"缺少通讯）；沂源县2016—2018年城区住宅用地开发程度的设定为一、二级对应"七通一平"，三级对应"六通一平"，四、五级对应"五通一平"；沂源县2016—2018年城区工业用地开发程度的设定为一、二级对应"七通一平", 三级对应"六通一平", 四级对应"五通一平"。

2. 沂源县2016—2018年城区基准地价评估结果

沂源县2016—2018年城区商业用地基准地价评估结果如表6所示, 沂源县2016—2018年城区住宅用地基准地价评估结果如表7所示, 沂源县2016—2018年城区工业用地基准地价评估结果如表8所示。

表6 2016—2018 年沂源县城区商业用地基准地价评估结果

级别	万/平方米	万元/亩
一	1364.9	91.0
二	1204.0	80.3
三	1025.9	68.4
四	757.0	50.5
五	472.9	31.5

表7 2016—2018 年沂源县城区住宅用地基准地价评估结果

级别	万/平方米	万元/亩
一	1090.0	72.7
二	961.0	64.1
三	889.9	59.3
四	661.0	44.1
五	469.9	31.3

表8 2016—2018 年沂源县城区工业用地基准地价评估结果

级别	万/平方米	万元/亩
一	340.0	22.7
二	289.9	19.3
三	225.0	15.0
四	195.0	13.0

（五）沂源县2016—2018年城区基准地价评估结果评价

1. 容积率适用性较好

对沂源县城区2016—2018年土地利用状况及利用强度进行调查分析，可知三年来沂源县城区内商业用地均为住宅配套的小区商业用地或住宅底商用地，容积率适宜。城区内住宅用地多为小高层或高层建筑，容积率较低。根据近三年招拍挂时工业用地规划容积率情况和《关于发布和实施〈工业项目建设用地控制指标〉的通知》（国土资发[2008] 24号）规定中对工业用地开发强度的要求，工业用地容积率与工业实际供地规划指标基本相符，容积率适宜。

2. 土地还原率适用性较好

沂源县城区2016—2018年基准地价内涵中商业、住宅、工业项目土地还原率是采用安全利率加风险调整值法和投资收益率综合排序插入法测算获得的，测算过程采用了存款利率、贷款利率、地价指数等数据，根据中国人民银行公布的资料显示，2016年1月至2018年12月期间，央行未调整存贷款基准利率，执行稳健中性的货币政策，因此测算依据数据的稳定性使得还原率适用性计算参数变化较小，土地还原率适用性较好。

3. 基准地价评估结果完整性较好

应原山东省国土资源厅《关于开展2016年度城镇基准地

价更新工作的通知》（鲁国土资字[2015] 498号）的要求，沂源县城区进行了2016—2018年基准地价评估，评估结果包括地价影响因素修正体系、容积率修正体系、用途修正体系、开发程度修正体系等，整体较为完善。

（六）沂源县2016—2018年城区基准地价评估结果展望

网络化普及、人民生活水平提高以及生产生活方式的转变，例如超市和生鲜快递开始经营农产品导致农贸市场功能弱化，网络化普及后网络人流聚集度对商业繁华度的影响增强，私家车保有量的提高使社会对公共交通的依赖程度下降等，使得地价影响因素发生改变。同时，技术进步、工程机械的大量使用、人工作业需求的逐步减少、市政建设费用的逐渐下降、民生项目的不断推进等，使得开发程度发生改变。此外，城区土地收益随着社会经济发展出现波动，土地集约节约利用政策不断加强，城区土地出让容积率越来越趋向高容积率等，使得容积率发生改变。综上所述，社会经济发展状况、城区土地市场状况及相关政策等变化，会导致沂源县城区地价影响因素、容积率修正、开发程度修正等发生变化，下一周期评估工作需进一步完善。

第二节 研究区 2019 年城区土地定级
与基准地价评估基础

一、沂源县 2019 年城区土地定级与基准地价评估范围界定

沂源县 2019 年城区土地级别与基准地价评估范围如下：东至青岛路、饮马路，南至青兰高速、沂河北岸，西至田庄水库、规划荆山西路、南麻大街，北至历山南麓、规划嵩山路、北外环，总面积 45.9 平方千米，扣除水系、绿地后面积为 44.4平方千米，如图9所示。以沂源县城市总体规划图以及土地利用总体规划图为底图，对比沂源县2019年城区土地定级与基准地价评估范围，如图10、图11所示。

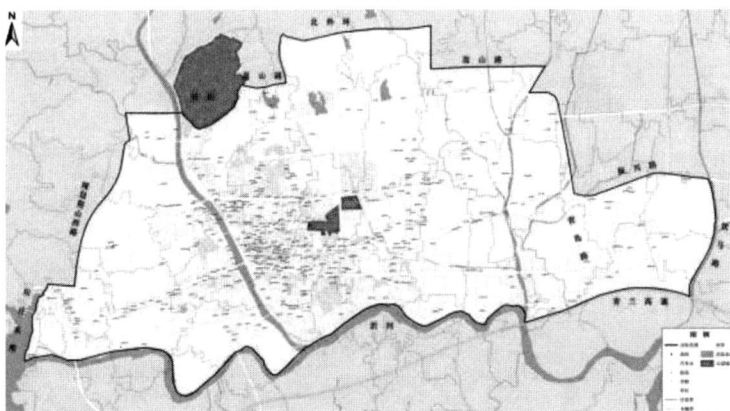

图 9 沂源县 2019 年城区土地定级与基准地价评估范围

图 10　沂源县城市总体规划（图中黑线为评估范围）

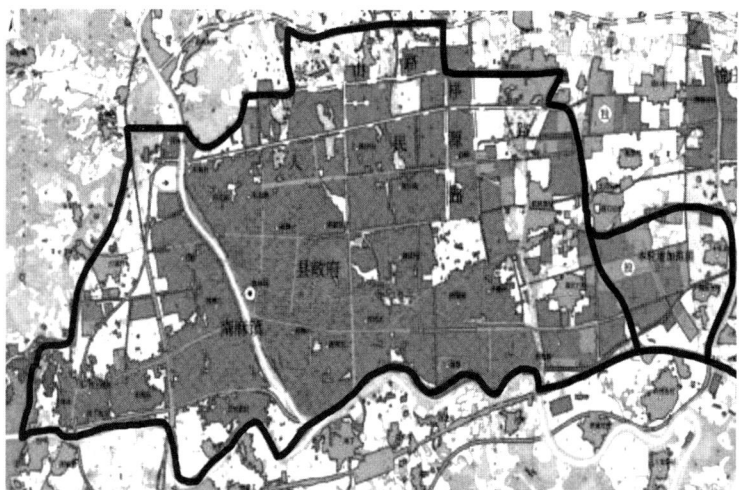

图 11　沂源县土地利用总体规划（图中黑线为评估范围）

二、沂源县 2019 年城区土地定级与基准地价评估依据

（一）沂源县2019年城区土地定级与基准地价评估主要法律依据

1．《中华人民共和国土地管理法》（2019年8月26日，第十三届全国人大常委会第十二次会议第三次修订）。

2．《中华人民共和国城市房地产管理法》（2019年8月26日，第十三届全国人大常委会第十二次会议第三次修订）。

3．《中华人民共和国城乡规划法》（2019年4月23日，第十三届全国人民代表大会常务委员会第十次会议第二次修正）。

4．《中华人民共和国物权法》（2007年3月16日，第十届全国人民代表大会第五次会议通过）。

5．《中华人民共和国资产评估法》（2016年7月2日，第十二届全国人民代表大会常务委员会第二十一次会议通过）。

（二）沂源县2019年城区土地定级与基准地价评估主要法规、政策依据

1．《中华人民共和国土地管理法实施条例》（2014年7月29日，《国务院关于修改部分行政法规的决定》第二次修订）。

2．《国务院关于深化改革严格土地管理的决定》（2004年10月21日，国发[2004] 28号）。

3．国土资源部《关于发布实施〈全国工业用地出让最低价标准〉的通知》（2006年12月23日，国土资发[2006] 307号）。

4．国土资源部《关于调整工业用地出让最低价标准实施政策的通知》（2009年5月11日，国土资发[2009] 56号）。

5．《关于进一步加强城市地价动态监测工作的通知》（2008年3月11日，国土资发[2008] 51号）。

6．《招标拍卖挂牌出让国有建设用地使用权规定》（2007年9月21日，国土资源部第3次部务会议修订）。

7．《国土资源部关于坚持和完善土地招标、拍卖、挂牌出让制度的意见》（2011年5月13日，国土资发[2011] 63号）。

8．《山东省实施〈中华人民共和国土地管理法〉办法》（2015年7月24日，山东省第十二届人民代表大会常务委员会第十五次会议修改）。

9．《山东省人民政府关于实施协议出让国有土地使用权最低价标准的通知》（2006年1月6日，鲁政发[2006] 5号）。

10．《山东省土地征收管理办法》（山东省人民政府令第226号，自2011年1月1日起施行）。

11．《山东省人民政府关于调整山东省征地区片综合地价标准的批复》（2015年12月29日，鲁政字[2015] 286号）。

12．淄博市国土资源局《关于耕地开垦费征缴标准的通知》（2018年2月28日，淄国土资发[2018] 3号）。

13. 淄博市人民政府办公厅《关于公布〈淄博市国有土地上房屋征收相关 补偿补助标准〉的通知》（2019年12月10日，淄政办字[2019] 95号）。

（三）沂源县2019年城区土地定级与基准地价评估主要技术依据

1. 中华人民共和国国家标准 GB/T18507—2014《城镇土地分等定级规程》。

2. 中华人民共和国国家标准 GB/T18508—2014《城镇土地估价规程》。

3. 中华人民共和国国家标准 GB/T21010—2017《土地利用现状分类》。

4. 中华人民共和国国家标准 GB/50137—2011《城市用地分类与规划建设用地标准》。

5. 土地管理行业标准TD/T 1009—2007《城市地价动态监测技术规范》。

6. 《国有建设用地使用权出让地价评估技术规范》。

三、沂源县2019年城区土地定级与基准地价评估原则

（一）沂源县2019年城区土地定级评估原则

1. 综合分析原则

沂源县城区土地定级应综合考虑影响城区土地质量的各方面因素，这些因素既包括城区土地本身具有的自然特性，也

包括城区土地在不断开发利用中被赋予的社会经济特性，将这些因素进行综合分析，按照城区土地在自然、社会、经济等方面的综合差异，划分城区土地级别。

2. 主导因素原则

沂源县城区土地定级既要考虑影响城市土地质量的各方面因素，使城区土地定级结果能全面、客观展现城区土地质量差异，也要重点考虑对城市土地质量起关键性作用的因素，即主导因素，这些主导因素将在很大程度上直接或间接决定着城区土地定级结果。

3. 地域分异原则

沂源县城区土地具有一般土地的特性——位置的固定性，不同位置决定了城区土地区位条件的地域差异，处于不同区位的城区土地因受自然系统和人造系统的控制影响，产生了土地质量的地域性分布和组合规律，这是城区土地定级的基础，将地域特征类似的城区土地划为同一级别，不同特征的城区土地划为不同级别。

4. 土地收益差异原则

沂源县城区土地定级评估结果应反映境内土地收益的分布规律，也就是反映城区土地在自然、社会、经济等各方面因素综合作用下的收益水平差异。在初步确定的城区土地定级结果基础上，对城区土地收益明显差别的有关行业进行级差收益地价评估，作为城区土地定级级数的依据。

5. 定量与定性分析结合原则

沂源县城区土地定级要坚持定量与定性相结合，将能区分城区土地质量差异的各项因素通过定量研究转换为可量化数据后综合叠加分析，明确城区土地分级数值，初步划分城区土地级别，再通过定性分析把握城区土地总体分级，避免城区土地定级结果出现总体失误。

（二）沂源县2019年城区土地基准地价评估原则

1. 合法性原则

沂源县城区土地基准地价评估要保证整个评估过程的合法性，以评估时期国家及地方正在施行的与土地基准地价评估相关的法律、法规、政策、标准等为依据，从资料收集开始，评估过程中的数据处理、方法选择等工作环节均要符合相关依据，保证评估过程合法且评估结果亦合法。

2. 客观性原则

基准地价是一种标准价格，它主要应用于国家及地方进行土地使用权出让、土地使用税征收、土地市场管理、土地资源优化配置等活动，它应客观反映地价的真实水平。沂源县城区土地基准地价评估应基于合法依据以及区域实际情况评估，不得人为干预，以保证评估结果的客观性。

3. 现势性原则

沂源县城区土地基准地价随着社会经济形势、政策环境、地方规划等不断变化，城区土地基准地价是城市土地市场状况一个很重要的反映，当影响城区土地基准地价的因素出现变化时，就要对城区土地基准地价进行及时评估，保证评估结果的现势性，尽可能反映城市土地市场的最新状况。

4. 实用性原则

沂源县城区土地基准地价评估的目的是为政府科学调控城市土地市场提供基础依据，不应是思维阶段的主观工作，评估结果要能够使用，要能对城市土地市场调控起到积极作用，这就要求沂源县城区土地评估要保证基准地价地类以及评估体系的完整性，提高评估结果的实用性。

5. 衔接性原则

由前述可知，为保证沂源县城区土地基准地价评估的合法性、客观性、现势性以及实用性，评估过程要实现与现行基准地价评估依据的法律、法规、政策、标准相衔接，也要与县级内社会经济发展水平、各项规划等衔接，此外，沂源县城区土地基准地价评估是以城区土地定级评估为基础，评估结果要与城区土地定级结果衔接，反映不同级别城区土地的地价水平。

6. 合法使用和最高最佳使用原则

沂源县城区土地基准地价评估要确保被评估城区土地的合法使用、合法处分，即城区土地的产权、用途要合法，城区土地的交易、处分要合法，城区土地具有合法的权力状况。在合法范围内，经可行性论证，要评估城区土地的最高使用价值与最佳用途。

7. 多方法相比较原则

沂源县城区土地基准地价评估是一项相对复杂的工作，需要合理的方法支撑。从我国开展土地基准地价评估工作以来，形成了诸多可借鉴方法，通过这些方法均可获得相对科学的评估结果，但由于每种方法对相关数据的处理方式、方法流程等不尽相同，评估结果会有差异，要坚持以多种方法进行评估，多种方法评估的结果相互比较、相互验证，更易取得客观结果。

8. 充分利用已有土地管理成果原则

沂源县城区土地基准地价评估要充分参考以往城区土地基准地价研究成果，同时要参考淄博市地籍变更调查成果、土地利用总体规划修编成果、最新城市规划成果以及近三年土地招拍挂等出让交易资料，保证沂源县城区土地基准地价成果的连续性、兼容性和现势性。

9. 综合平衡原则

沂源县城区土地基准地价评估成果要在淄博市五区三县之间进行横向平衡，使最新的城区土地基准地价评估成果客观反映不同城区间真实的经济发展差异和地价水平，促进城市土地市场的均衡发展。

四、沂源县 2019 年城区土地定级与基准地价评估资料调查

（一）沂源县2019年城区土地定级评估资料调查

1. 沂源县2019年城区土地定级评估图件资料调查

沂源县2019年城区土地定级评估图件资料调查的任务是收集编绘工作底图所需的沂源县城区上一轮土地级别调整与基准地价更新图件、沂源县行政区划图、沂源县城镇地籍图、沂源县城区卫星遥感影像图、沂源县城区地形图、沂源县土地利用总体规划图、沂源县城市总体规划图等。

2. 沂源县2019年城区土地定级评估商服繁华影响度资料调查

沂源县2019年城区土地定级评估商服繁华影响度资料调查的任务是收集沂源县城区商业服务业中心数量、位臵、范围；沂源县城区商服中心占地面积、功能完备率、级别、职能、建筑面积、建筑密度、建筑容积率；沂源县城区商服建筑物建筑密度、楼层数；沂源县城区各类型商服中心范围内商店数量、年营业额、年利税额、占地面积、营业面积、经营项目；沂源县城区各类型专业批发市场位臵、数量、类型、规模、销售额、年利税额、占地面积；沂源县城区商务金融中心范围内企业名称、年营业额、年利税额、占地面积、营业面积等。

3. 沂源县2019年城区土地定级评估交通条件资料调查

沂源县2019年城区土地定级评估交通条件资料调查的任务是收集沂源县城区道路类型、名称、长度、宽度、车流量；沂源县城区公交车辆线路名称、起止点、运行时间、车流量、站点分布；沂源县城区汽车站、火车站、高速公路出入口的具体位臵和近三年汽车站、火车站的客运量、货运量；沂源县城区规划新增道路的位臵、类型、级别标准、长度、宽度；沂源县城区规划新建、改扩建的长途车站及高速公路出入口等客货运输站和重点对外交通节点的位臵、规模、等级、设计运输能力；沂源县城区新建公交线路的名称、站点设臵、运行时间、停靠次数等。

4. 沂源县2019年城区土地定级评估基础设施完善度资料调查

沂源县2019年城区土地定级评估基础设施完善度资料调查的任务是收集沂源县城区供水、供电、排水、供暖、供气设施的现状分布图、相关文字说明、线路分布图；沂源县城区新建、改扩建的电力、供水、排水、供气、供热、通信等设施的数量、位臵、类型、规模等。

5. 沂源县2019年城区土地定级评估公用设施完备度资料调查

沂源县2019年城区土地定级评估公用设施完备度资料调查的任务是收集沂源县城区各中小学的名称、位臵、占地面积、教学质量、在校人数；沂源县城区主要医院的名称、位臵、服务特点、医疗水平、医护人员数、床位数、占地面积；沂源县城区公园（植物园、大型绿地）的名称、位臵、占地面积、人流量；沂源县城区文体设施的性质、占地面积、人流量等。

6. 沂源县2019年城区土地定级评估人口密度资料调查

沂源县2019年城区土地定级评估人口密度资料调查的任务是收集沂源县城区客流人口、常住人口、暂住人口的数量、密度等。

7. 沂源县2019年城区土地定级评估环境条件资料调查

沂源县2019年城区土地定级评估环境条件资料调查的任务是收集沂源县城区大气污染、噪声污染、水污染的污染源的分布状况和相关文字说明等。

8. 沂源县2019年城区土地定级评估产业集聚度资料调查

沂源县2019年城区土地定级评估产业集聚度资料调查的任务是收集沂源县城区各类型开发区和园区的名称、位臵、经营项目、特色产业、功能定位以及区内企业名称、数量、工业总产值、利润总额、职工人数等。

9. 沂源县2019年城区土地定级评估规划影响度资料调查

沂源县2019年城区土地定级评估规划影响度资料调查的任务是收集沂源县土地利用总体规划、城市总体规划、经济开发区总体规划、国民经济和社会发展规划的规划文本、规划说明书、图件；沂源县城区建设规划中的用地调整、建设项目、计划的文字、图件等。

（二）沂源县2019年城区土地基准地价评估资料调查

1. 沂源县2019年城区土地基准地价评估房地产市场交易资料调查

沂源县2019年城区土地基准地价评估房地产市场交易资料调查的任务是收集沂源县城区近三年的土地使用权出让（协议、招标、拍卖、挂牌）、转让、出租、楼盘销售、商品房出售、房屋买卖、房屋出租、房屋拆迁、二手房买卖数据等。

2. 沂源县2019年城区土地基准地价评估相关参数资料调查

沂源县2019年城区土地基准地价评估相关参数资料调查的任务是收集沂源县城区供地价格、土地征用补偿标准、拆迁补偿标准、开发费标准、基础设施配套费标准、土地取得费、土地取得相关税费、房屋重硌价、管理费、维修费、残值、耐用年限、房地产交易税、存款利率、贷款利率等。

（三）沂源县2019年城区土地定级与基准地价评估其他资料调查

1.《淄博市统计年鉴》（2016—2018年）。

2.《沂源县统计年鉴》（2016—2018年）。

3.《淄博市政府工作报告》（2016—2018年）。

4.《沂源县政府工作报告》（2016—2018年）。

5.《淄博市国民经济和社会发展第十三个五年规划纲要》。

6.《沂源县国民经济和社会发展第十三个五年规划纲要》。

7.《沂源县城市总体规划》（2011—2020年）。

8.《沂源县土地利用总体规划》（2006—2020年）。

9.《沂源县城区土地级别与基准地价更新报告》（2016年）。

（四）沂源县2019年城区土地定级与基准地价评估资料调查涉及单位

沂源县2019年城区土地定级与基准地价评估资料收集单位涉及自然资源局、交通运输局、自来水公司、市政园林局、供电公司、住房和城乡建设局、生态环境局、教育部门、体育部门、卫生健康局、商务局、文化和旅游局、统计局、公安局、发展和改革局、物价局等，共计16个单位。

（五）沂源县2019年城区土地定级与基准地价评估资料调查新技术

1. 基于政府政务平台调查单位资料

随着政府政务平台的普及，沂源县2019年城区土地定级与基准地价评估资料调查面向政府机关的材料主要通过政府政务平台发函的形式进行收集，个别情况采用实地发函送达的形式，资料提供以电子版资料为主。

2. 采用网络专题地图调查定级因素

山东天地图是省自然资源厅拥有版权的权威网络地图，如图12所示，该地图的专题图层具有行政区划、开发区、重大规划、交通、教育、医疗卫生、地质灾害、生态环境等专题图层，可在政府机关提供资料的基础上，对最新的定级因素进行补充调查。

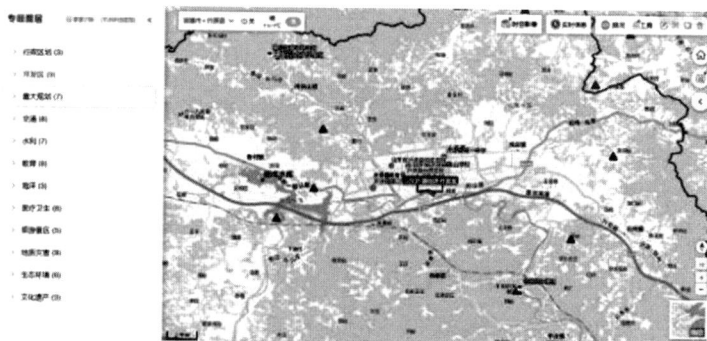

图12　山东天地图专题地图

3. 使用百度地图、高德地图等辅助调查信息

百度的热力图、空气质量图、路况地图及高德的空气质量图、排污企业图、路况地图等，是以特殊高亮或点状、现状标记的形式显示各类信息实时显示或数据分析等情况的示意图，可以根据地图信息辅助程度判断人流情况、环境状况、交通情况等多种信息。部分示例图如图13—16所示。

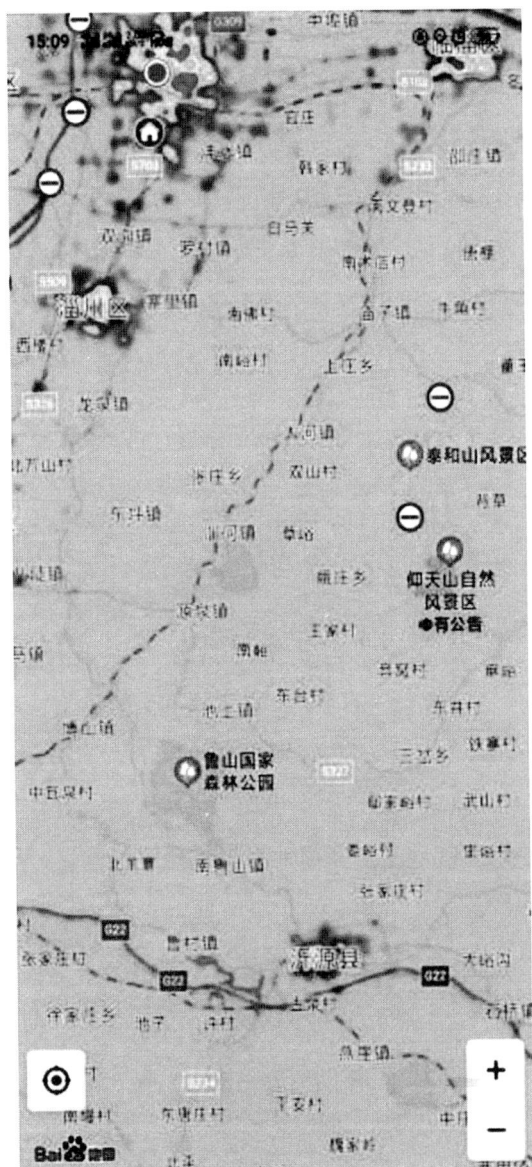

图13　沂源县局部百度热力

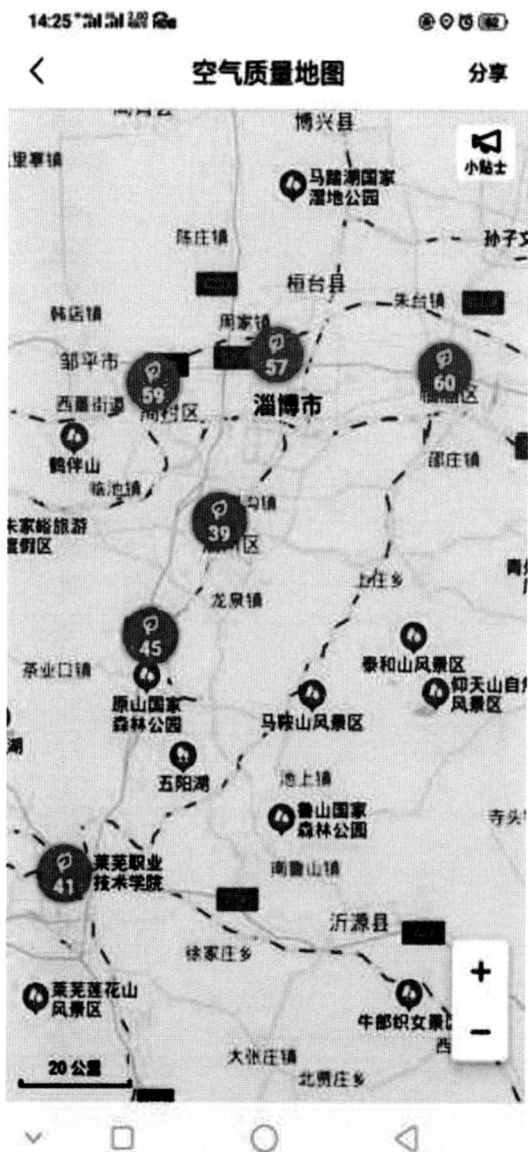

图 14　沂源县局部百度空气质量

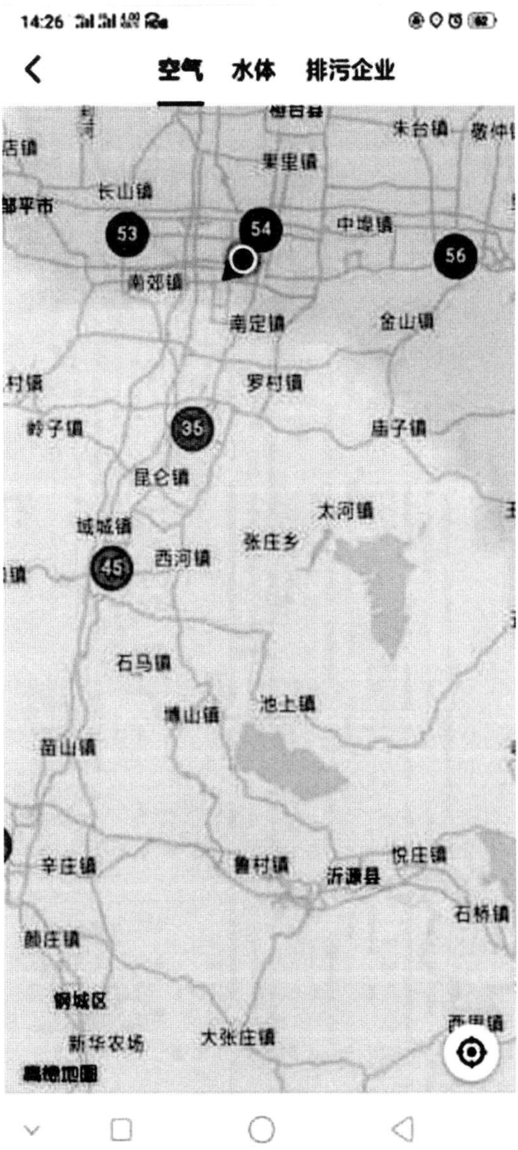

图 15 沂源县局部高德空气质量

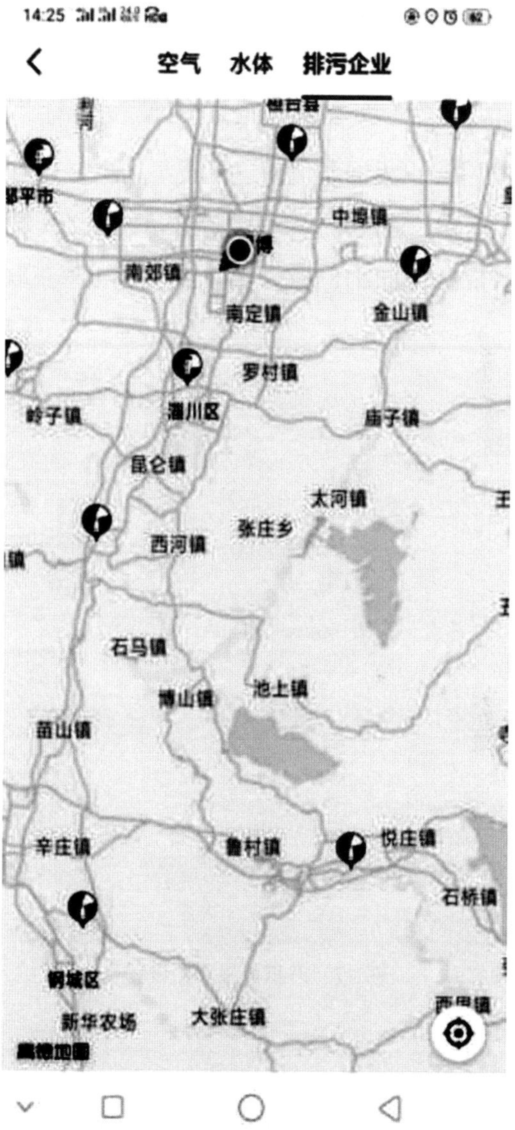

图 16 沂源县局部高德排污企业

4. 使用网路爬虫技术调查网络市场信息

网络爬虫是一种按照一定规则自动抓取万维网信息的程序或者脚本。采用"八爪鱼采集器",如图17所示,对网络的二手房交易和出租网站信息进行搜集,主要抓取房屋所在地址、建筑面积、建成年代、所在楼层、总层数、挂牌时间、房屋总价等信息,如图18所示,极大提高了数据获取的效率和质量。

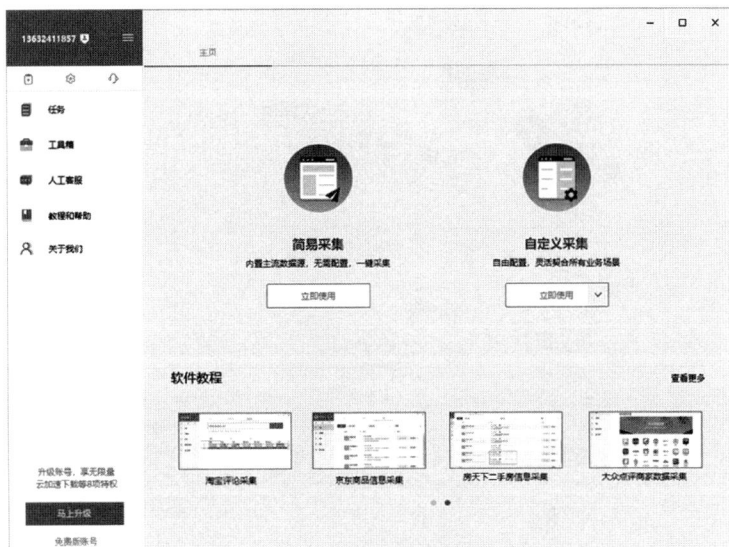

图 17　八爪鱼采集器设置

标题	户型	面积	朝向	楼层	小区	地区	地址	总价	单价
安盛小区钻石二楼 大户型 停车方便 带大储藏室	3室2厅1卫	117m²	南	共5层	安盛小区	沂源	健康路5号	72万	6155元/m²
推荐房源 秀水湾三期高层带电梯117平-105万	3室2厅1卫	117m²	南北	高层（共17层）	秀水湾花园	沂源	和源路	105万	8974元/m²
和源名居三室两厅 城北中学 紧邻县医院 亿客家	3室2厅1卫	110m²	南	共5层	和源名居	沂源	和源路	95万	8454元/m²
翡翠山居 三室两厅138平有大露台带储藏室	3室2厅1卫	109m²	南北	高层（共6层）	中房翡翠园	沂源	博沂路	96万	8807元/m²
紫竹八中！梓峡园精装带停车楼135万	3室2厅1卫	135m²	南北	中层（共11层）	祥瑞园	沂源	富源路	155万	11481元/m²
历山小区 带储藏室 中医院对面 停车方便 售	2室1厅1卫	70m²	南北	共5层	历山居民小区	沂源	育才路	41万	5857元/m²
急售！三小实验学校 低楼层三室 南三厅 上学房		86m²	南	共5层	山东药玻第一住宅区	沂源	药城路	49.5万	5755元/m²
东亮新区别墅美了，精装修上下三层带大露台，业主急	4室2厅2卫	219m²	南北	共2层	东亮小区	沂源	鲁山路	268万	12237元/m²
急售！源泰花园4栋三室两厅带40平大车库刚刚片沂	3室2厅1卫	158m²	南北	共2层	源泰花园	沂源	安盛路3号	148万	9357元/m²
润泽佳苑超值117平3室2厅带储藏室92万 无暖	3室2厅1卫	117m²	南	中层（共6层）	润泽佳苑	沂源	北京路	92万	7863元/m²
西山小区2楼52平，另全包贷款	2室1厅1卫	62m²	南北	共2层	西山小区	沂源	枣庄路	39万	6290元/m²
急售！东方花苑 观景房 三室毛坯环电梯 带地下车位	3室2厅1卫	130m²	南北	低层（共15层）	东方花苑	沂源	鲁山路	82万	7307元/m²
县医院90平3室2厅精装仅售45万		97m²	东北	共5层	县医院家属院	沂源	胜利路21号	45万	4639元/m²
安盛小区钻石二楼 大户型 停车方便 带大储藏室	3室2厅1卫	117m²	南	共5层	安盛小区	沂源	健康路5号	72万	6155元/m²
推荐房源 秀水湾三期高层带电梯117平-105万	3室2厅1卫	117m²	南北	高层（共17层）	秀水湾花园	沂源	和源路	105万	8974元/m²
翡翠山居 5楼复式 带大车库 毛坯房138万	4室2厅2卫	150m²	南北	共2层	中房翡翠园	沂源	博沂路	138万	9200元/m²
物资局 光力士家属统一 三居室 赠储藏 房	3室2厅1卫	106m²	南北	低层（共6层）	君悦滨园	沂源	沂河路9号	67万	6520元/m²
紧售一种！怡东国贸三居室，黄金楼层	3室2厅1卫	112m²	南	中层（共6层）	怡东国贸	沂源	北京路	89.3万	7946元/m²
胜利小区三室两厅 城北中学 地上储藏室 急售急售	3室2厅1卫	90m²	南北	低层（共6层）	胜利小区	沂源	新城街4号	58万	6444元/m²
和源名居三室两厅 城北中学 紧邻县医院 亿客家	3室2厅1卫	110m²	南	共5层	和源名居	沂源	和源路	95万	8454元/m²
急售！翡翠山居，三四楼复式，带车库，随时看房	4室2厅2卫	156m²	南北	共4层	中房翡翠园	沂源	瑞阳大道80号	138万	8846元/m²
中医院东，平房，带大露台精装三居室	3室2厅1卫	74m²	西南	共1层	沂源中医院住宅区	沂源	历山路	70万	9459元/m²
新上！溪台花园黄金二楼，110平，带车库采光无敌	3室2厅1卫	110m²	南北	低层（共6层）	溪台花园	沂源	北京路	90万	8181元/m²
公园小学！公园小区 1楼 好房 41平 27万	1室1厅1卫	41m²	南北	共5层	公园小区	沂源	商场西街4号	27万	6585元/m²
三室两厅两卫双明台，多层2楼，带储藏室，好	3室2厅1卫	126m²	南北	低层（共6层）	鹏欣现代城	沂源	福兴路9号	94万	7460元/m²

图 18　八爪鱼采集器抓取沂源县信息结果

5. 使用大数据平台调查网络市场信息

使用淄博市土地储备与统一征地服务中心的"淄博土地评估信息管理系统"（见图19）和德昀公司研发的"德昀地价大数据平台"（见图20），极大提高了土地招拍挂成交信息和相关市场成交信息的调查效率和质量。

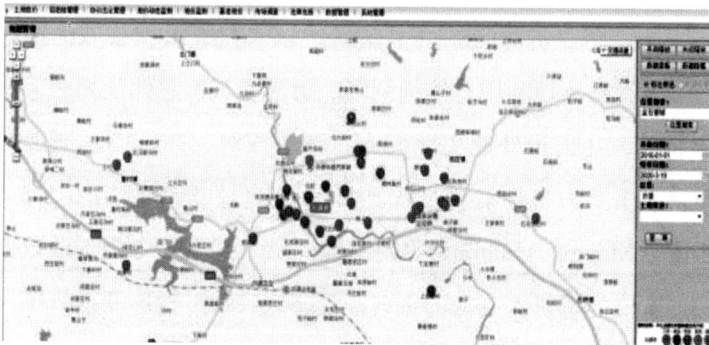

图 19　淄博土地评估信息管理系统示意

图20　德昀地价大数据平台示意

五、沂源县 2019 年城区土地定级与基准地价评估底图编制

工作底图是开展沂源县2019年城区土地级别与基准地价更新工作的基础，也是最终输出成果图件的保证。工作底图编制主要经历图形数据采集、图形数据录入、图形数据处理、形成工作底图编制四个环节。图形数据采集主要为收集沂源县土地级别调整与基准地价更新图件、沂源县行政区划图、沂源县城镇地籍图、沂源县城区卫星遥感影像图、沂源县城区地形图、沂源县土地利用总体规划图、沂源县城市总体规划图等图件资料，并进行外业实地调查、现场核对，并标图。图形数据录入主要为将收集到的电子版与纸质图件资料利用Arcgis、CAD、Mapgis、Mapinfo等制图软件录入到电脑中。图形数据处理主要为将录入电脑的资料经过格式转换、投影变换，统一转换成shp格式，所有图件最终落到沂源县城区2016年度基准地价图中，等待进行下一步数据处理。形成工作底图主要为将

图形数据经过检核和交互式编辑，加上必要的注记、图名、图例等要素。

第三节　研究区 2019 年城区土地定级评估结果

一、沂源县 2019 年城区土地定级评估因素体系权重确定

沂源县2019年城区土地定级评估因素体系权重确定采用特尔斐法。基于县级城市土地定级评估因素体系，邀请有关专家对相关因素重要性程度进行量化打分，确定各因素权重值。专家来自财政、住建、自然资源、统计、发改、高校、房地产开发、估价机构等单位，共31人。共计两轮打分，将第一轮评分值输入计算机，计算各因素评分值的均值和方差，均值反映专家对各项土地定级评估因素重要性的整体意见。方差反映专家对各项土地定级评估因素重要性意见的一致性程度；方差越小，表明专家对各项土地定级评估因素重要性意见的一致性越高。第一轮打分后，由于部分因素的方差较大，需要进行第二轮打分。计算出各项土地定级评估因素第一轮分值的区间，反馈给专家进行第二轮打分，对第二轮结果整理统计后，计算出的方差已经很小，表明专家的意见已趋于一致，按第二轮打分结果统计出各项土地定级评估因素的权重值，如表9—11所示。

表9 沂源县2019年城区商业用地土地定级评估因素权重

第一层次因素	权重	第二层次因素	权重	第三层次因素	权重
繁华程度	0.37	商服繁华影响度	0.37	商服中心	0.37
交通条件	0.20	道路通达度	0.08	道路	0.08
		公交便捷度	0.07	公交站点	0.07
		对外交通便利度	0.05	火车站或长途汽车站	0.05
基本设施状况	0.15	基础设施完善度	0.15	供水设施	0.06
				排水设施	0.05
				供热设施	0.04
规划状况	0.12	规划影响度	0.12	规划影响度	0.12
人口状况	0.16	人口密度	0.16	人口密集度	0.07
				人流集聚度	0.09

表10 沂源县2019年城区住宅用地土地定级评估因素权重

第一层次因素	权重	第二层次因素	权重	第三层次因素	权重
基本设施状况	0.36	基础设施完善度	0.16	供水设施	0.04
				排水设施	0.04
				供热设施	0.04
				供气设施	0.04
		公用设施完备度	0.20	学校（高中）	0.04
				学校（初中、小学）	0.07
				医院	0.03
				公园广场	0.04
				文体设施	0.02
交通条件	0.19	道路通达度	0.10	道路	0.10
		公交便捷度	0.09	公交站点	0.09
环境条件	0.18	环境质量优劣度	0.18	环境质量优劣度	0.18
繁华程度	0.11	商服繁华影响度	0.11	商服中心	0.11
规划状况	0.11	规划影响度	0.11	规划影响度	0.11
人口状况	0.05	人口密度	0.05	人口密集度	0.05

表 11 沂源县 2019 年城区工业用地土地定级评估因素权重

第一层次因素	权重	第二层次因素	权重	第三层次因素	权重
交通条件	0.32	道路通达度	0.16	道路	0.16
		对外交通便利度	0.16	火车站	0.07
				高速公路出入口	0.09
基本设施状况	0.27	基础设施完善度	0.27	供电设施	0.06
				供水设施	0.06
				排水设施	0.05
				供热设施	0.05
				供气设施	0.05
环境条件	0.11	环境质量优劣度	0.11	环境质量优劣度	0.11
产业聚集效益	0.14	产业集聚影响度	0.14	产业集聚影响度	0.14
规划状况	0.16	规划影响度	0.16	规划影响度	0.16

二、沂源县2019年城区土地定级评估各项因素量化结果

（一）沂源县2019年城区土地繁华程度量化结果

通过实地调查得知，沂源县城区商业网点主要分布在振兴路、商业街等道路两侧及居家城附近。繁华地段集中了沂源县城区内主要的大型商场和购物中心，每个大型商场和购物中心周围都分布着许多中小商服企业和商铺，形成了以大型商场和购物中心为核心、周边小商铺聚集的商业集聚模式。根据商服中心分布特点，沂源县2019年城区土地定级评估过程中，选择商服业繁华状况突变处的地段，以明显的地物和非商服业建筑作为商服中心的边界，确定沂源县城区各级商服中心。按上

述划分依据和实地调查情况，沂源县城区共划分两个区级商服中心，三个小区级商服中心，如表12所示。沂源县城区区级商服中心的服务半径是7000米、功能分为60，沂源县城区小区级商服中心的服务半径是3000米、功能分为40，经前述县级城市土地繁华程度量化流程，得出沂源县2019年城区商服中心指数衰减作用分布如图21所示，沂源县2019年城区商服中心直线衰减作用分布如图22所示。

表 12　沂源县城区商服中心

级别	商服中心名称	代表商业企业
区级	世纪东方商厦商业区	世纪东方商厦、丰联商场、贵都商场
	百货大楼商业区	百货大楼、金地商贸
小区级	成和商厦	成和商厦
	新华书店商业区	新华书店
	义乌国际商贸城	义乌国际商贸城

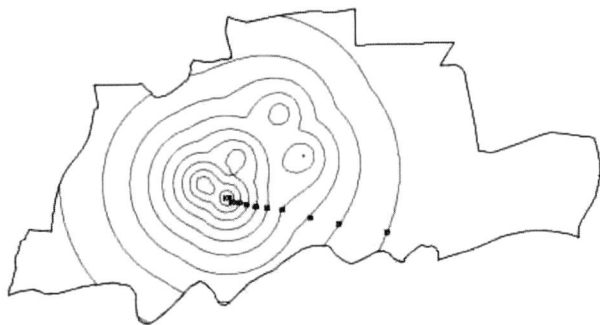

图 21　沂源县 2019 年城区商服中心指数衰减作用分布

图 22　沂源县 2019 年城区商服中心直线衰减作用分布

（二）沂源县2019年城区土地交通条件量化结果

沂源县2019年城区土地交通条件评估共确定27条具有代表性的道路，其中，12条主干道、15条次干道。主干道包括济南路、瑞阳大道、埠岭北路、青岛路、人民路、新城路、南悦路、上海路、鲁山路、天津路、荆山路、南麻大街。次干道包括沂河路、螳螂河西路、螳螂河东路、历山路、健康路、和源路、润生路、富源路、埠村河西路、宏泰路、东岭路、振兴路、胜利路、北京路、薛馆路。

沂源县2019年城区土地道路作用指数的确定主要以道路宽度和其在城区交通运输中发挥的功能为依据，最终确定沂源县城区主干道作用指数为1.0，次主干道作用指数为0.6。此外，沂源县2019年城区主干道作用分值为100，次干道作用分值为60。经前述县级城市土地道路通达度量化流程，得出沂源县2019年城区道路通达度指数衰减作用分布如图23所示，沂源县2019年城区道路通达度直线衰减作用分布如图24所示。

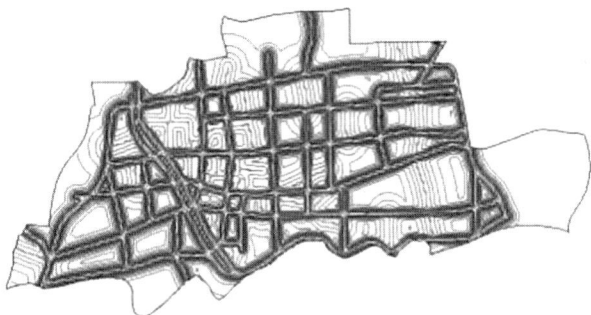

图23 沂源县2019年城区道路通达度指数衰减作用分布

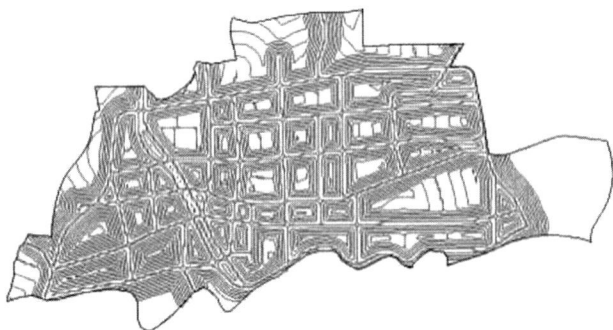

图24 沂源县2019年城区道路通达度直线衰减作用分布

根据沂源县城区公交站点的实际分布情况，沂源县2019年城区土地定级评估中公交站点服务半径统一为500米。其中，一级公交站点10个，作用分值为100分；二级公交站点97个，作用分值为80分。经前述县级城市土地公交便捷度量化流程，得出沂源县2019年城区公交便捷度衰减作用分布如图25所示。

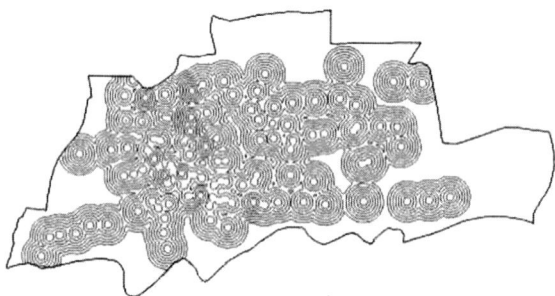

图 25　沂源县 2019 年城区公交便捷度衰减作用分布

根据沂源县城区对外交通设施分布实际情况，沂源县城区暂无火车站，城区内分布有一个长途汽车站，青兰高速在沂源县城区设有两个出入口。其中，长途汽车站的最大扩散半径为7200米，作用分值为100，高速公路出入口的最大扩散半径为7500米，作用分值为100。经前述县级城市土地对外交通便利度量化流程，得出沂源县2019年城区长途汽车站对外交通便利度衰减作用分布如图26所示，沂源县2019年城区高速公路出入口对外交通便利度衰减作用分布如图27所示。

图 26　沂源县 2019 年城区长途汽车站对外交通便利度衰减作用分布

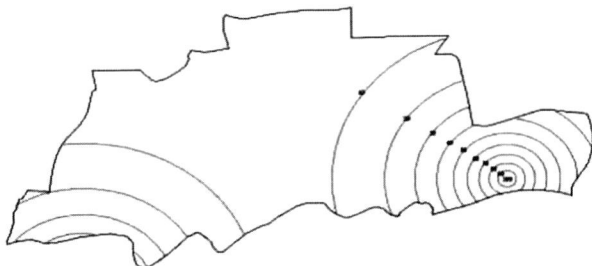

图 27　沂源县 2019 年城区高速公路出入口衰减作用分布

（三）沂源县2019年城区土地基础设施完善度量化结果

沂源县2019年城区商业用地基础设施完善度评估选用供水设施、排水设施、供热设施三项因素；住宅用地基础设施完善度评估选用供水设施、排水设施、供热设施、供气设施四项因素；工业用地基础设施完善度评估选用供电设施、供水设施、排水设施、供热设施、供气设施五项因素。根据沂源县市政、热力、燃气公司等相关单位提供的文字、图纸资料，分析各类基础设施的水平系数、使用保证率。经前述县级城市土地基础设施完善度量化流程，并结合沂源县实际，得出沂源县2019年城区各类基础设施完善度作用分值如表13所示，沂源县2019年城区供电设施作用分布如图28所示，沂源县2019年城区供热设施作用分布如图29所示，沂源县2019年城区供气设施作用分布如图30所示，沂源县2019年城区供水设施作用分布如图

31所示，沂源县2019年城区排水设施作用分布如图32所示。

表 13　沂源县 2019 年城区各类基础设施完善度作用分值

基础设施类型	级别	状况	作用分值	方法
供电设施	一级	优	100	区域赋值
	二级	一般	80	
供热设施	一级	优	100	区域赋值
	二级	一般	80	
	三级	较差	60	
	四级	差	20	
供气设施	一级	优	100	区域赋值
	二级	一般	80	
	三级	较差	60	
	四级	差	40	
供水设施	一级	优	100	区域赋值
	二级	一般	90	
	三级	较差	80	
	四级	差	60	
排水设施	一级	优	100	区域赋值
	二级	一般	80	
	三级	较差	60	
	四级	差	40	

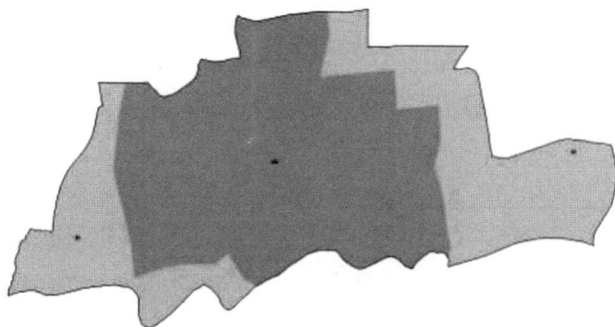

图 28　沂源县 2019 年城区供电设施作用分布

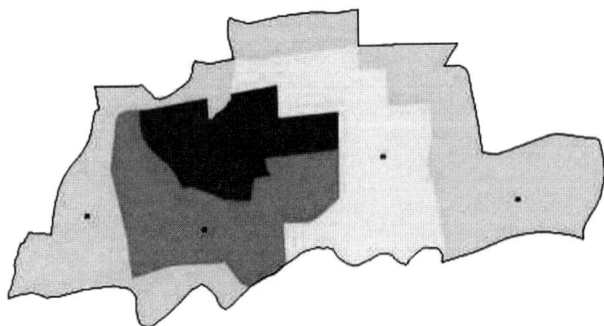

图 29 沂源县 2019 年城区供热设施作用分布

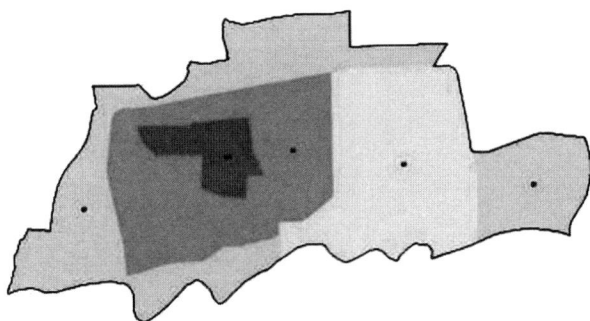

图 30 沂源县 2019 年城区供气设施作用分布

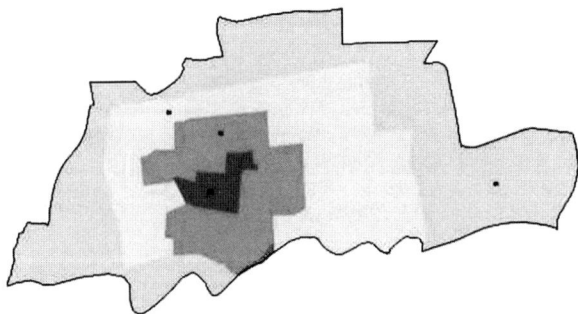

图 31 沂源县 2019 年城区供水设施作用分布

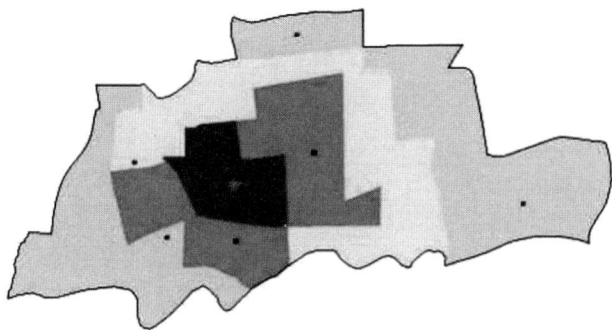

图 32 沂源县 2019 年城区排水设施作用分布

（四）沂源县2019年城区土地公用设施完备度量化结果

沂源县2019年城区土地公用设施完备度评估将学校分为高中和初中、小学两类，高中按照学校类型、占地面积、学生数、教学质量等情况分为重点学校（一级）和普通学校（二级）两个级别；初中、小学按照学校的类型、占地面积、学生数、教学质量等情况分为重点学校（一级）和普通学校（二级）两个级别。经前述县级城市土地公用设施完备度量化流程并结合沂源县实际，得出沂源县2019年城区学校完备度作用分值如表14所示，沂源县2019年城区高中作用分布如图33所示，沂源县2019年城区初中、小学作用分布如图34所示。

表 14　沂源县 2019 年城区学校完备度作用分值

名称	最大扩散半径	作用分值	级别	类别
沂源县第一中学	3000米	100	一级	高中
沂源县第二中学	2000米	80	二级	
沂源县鲁山学校	2000米	80		
沂源县历山中学	/	100	一级	初中 小学
沂源县实验中学	/	100		
沂源县沂河源学校	/	80	二级	
沂源县振华实验学校	/	80		

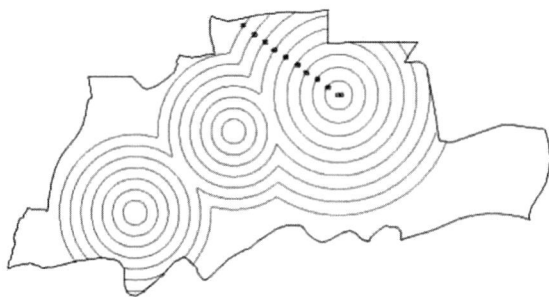

图 33　沂源县 2019 年城区高中作用分布

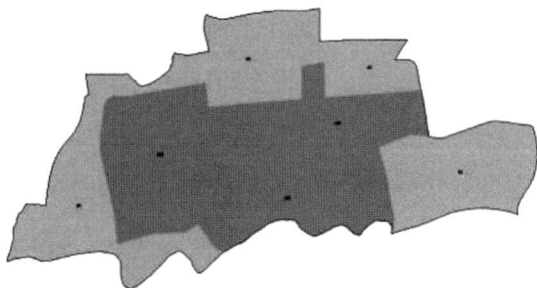

图 34　沂源县 2019 年城区初中、小学作用分布

　　沂源县2019年城区土地公用设施完备度评估按照医院服务特点、医疗水平、医护人员数、占地面积等指标将医院分为二个级别，即重点医院（一级）和普通医院（二级）。其中，沂源县人民医院位于沂源县城区胜利路，医疗水平属于二级甲等，医护人员425人，占地面积6000平方米，床位650个；沂源县中医院位于沂源县城区塔山路，医疗水平属于二级甲等，医护人员248人，占地面积5100平方米，床位360个；沂源县妇幼保健院位于沂源县城区鲁山路，医疗水平属于一级甲等，医护人员78人，占地面积6400平方米，床位200个。经前述县级城市土地公用设施完备度量化流程，并结合沂源县实际，得出沂源县2019年城区医院完备度作用分值如表15所示，沂源县2019年城区医院作用分布如图35所示。

表 15　沂源县 2019 年城区医院完备度作用分值

名称	影响半径	作用分值	级别
沂源县县人民医院	3000米	100	一级
沂源县中医院	2000米	100	
沂源县妇幼保健院	2000米	60	二级

图 35　沂源县 2019 年城区医院作用分布

沂源县2019年城区土地公用设施完备度评估将文体设施的位置、占地面积等指标作为计算依据。沂源县城区文体设施主要包括沂源县文化中心和沂源县影剧院，前者位于沂源县城区鲁山路，占地面积53280平方米；后者位于沂源县城区历山路，占地面积2192平方米。经前述县级城市土地公用设施完备度量化流程，并结合沂源县实际，得出沂源县2019年城区文体设施完备度作用分值如表16所示，沂源县2019年城区文体设施作用分布如图36所示。

表 16　沂源县 2019 年城区文体设施完备度作用分值

名称	影响半径	作用分值
沂源县文化中心	3000米	100
沂源县影剧院	3000米	100

图 36　沂源县 2019 年城区文体设施作用分布

沂源县2019年城区土地公用设施完备度评估将公园广场的位置、占地面积等指标作为计算依据。沂源县城区公园广场主要包括沂源县胜利山公园、沂源县汇源绿色广场、沂源县水

景公园、沂源县苹果大世界、沂源县儿童乐园，位置分别位于
沂源县城区胜利路、沂源县城区螳螂河东路、沂源县城区螳螂
河西路、沂源县城区长途汽车站斜对过、沂源县城区瑞阳大道
与鲁山路路口东南角，占地面积分别为170000平方米、43000平
方米、260000平方米、1000平方米、7800平方米。经前述县级
城市土地公用设施完备度量化流程，并结合沂源县实际，得出
沂源县2019年城区公园广场完备度作用分值（见表17，沂源县
2019年城区公园广场作用分布如图37所示。

表 17 沂源县 2019 年城区公园广场完备度作用分值

名称	影响半径	作用分值
沂源县胜利山公园	2000米	100
沂源县汇源绿色广场	2000米	100
沂源县水景公园	2000米	100
沂源县苹果大世界	2000米	100
沂源县儿童乐园	2000米	100

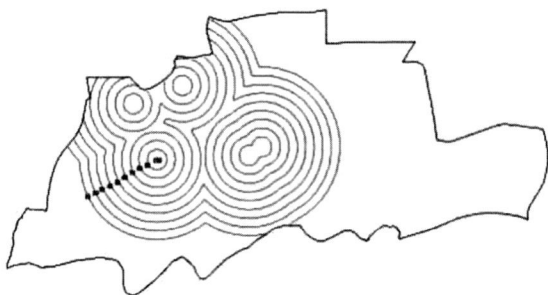

图 37 沂源县 2019 年城区公园广场作用分布

（五）沂源县2019年城区土地人口密度量化结果

沂源县2019年城区土地人口密度评估以常住及暂住人口密度的平均值作为最佳人口密度。经前述县级城市土地人口密度量化流程，并结合沂源县实际，得出沂源县2019年城区商业用地人口密度作用分布如图38所示，沂源县2019年城区工业用地人口密度作用分布如图39所示。

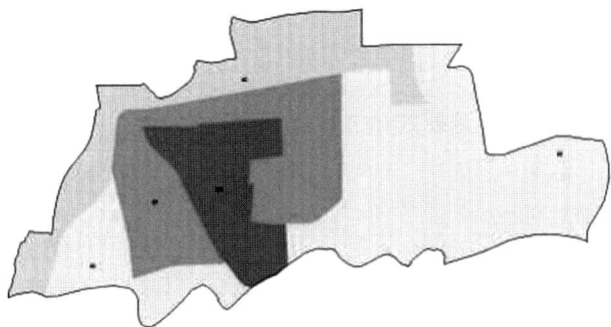

图 38　沂源县 2019 年城区商业用地人口密度作用分布

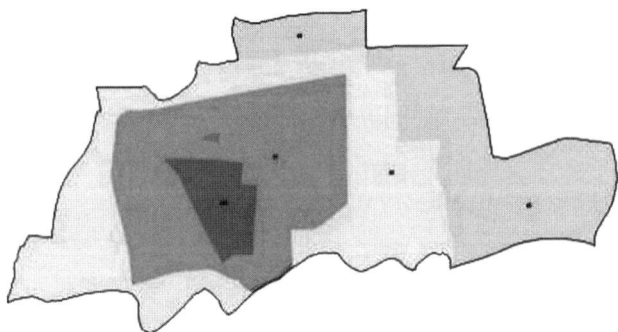

图 39　沂源县 2019 年城区工业用地人口密度作用分布

（六）沂源县2019年城区土地环境质量优劣度量化结果

沂源县2019年城区土地环境质量优劣度评估因不具备环境质量资料，对沂源县城区环境质量进行调查后，将沂源县2019年城区土地环境质量分为优、较优、一般、差四个等级，对应作用分值分别为100、80、60、40，并将沂源县2019年城区土地定级评估范围相应的分为四个区域，采用区域赋值的方法，得出沂源县2019年城区土地环境质量优劣度作用分布如图40所示。

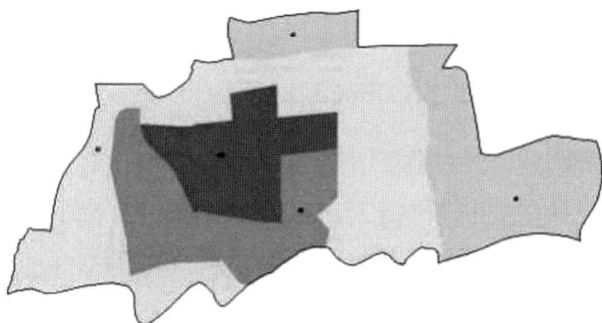

图40 沂源县2019年城区土地环境质量优劣度作用分布

（七）沂源县2019年城区土地产业集聚度量化结果

沂源县2019年城区土地产业集聚度评估，将沂源县2019年城区土地定级评估范围相应的分为三个区域，通过分析沂源县境内产业的各项指标，并根据沂源县现行城区规划、工业发展规划、产业发展及分布现状，得出沂源县产业集聚规模指数。经前述县级城市土地产业集聚度量化流程，并结合沂源县实际，采用区域赋值的方法，得出沂源县2019年城区土地产业集聚度作用分布如图41所示。

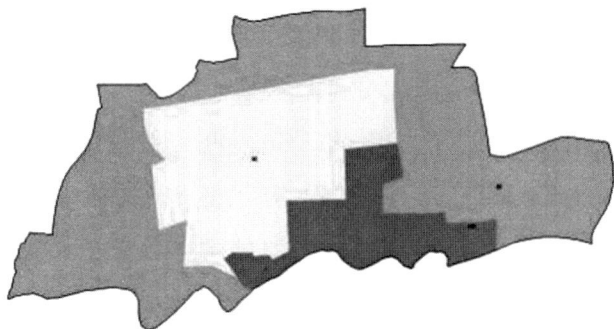

图 41 沂源县 2019 年城区土地产业集聚度作用分布

（八）沂源县2019年城区土地规划影响度量化结果

沂源县2019年城区土地产业集聚度评估，主要考虑沂源县城市总体规划以及土地利用总体规划的影响，随着上述规划的实施，沂源县城区基础设施日趋完善、功能日渐齐备，可以说，规划的实施对其所在城区土地的影响较大，尤其商业用地、住宅用地。根据规划部门提供的有关资料，结合沂源县城区规划建设实施的实际情况，采用区域赋值的方法，得出沂源县2019年城区商业用地规划影响度作用分布如图42所示，沂源县2019年城区住宅用地规划影响度作用分布如图43所示，沂源县2019年城区工业用地规划影响度作用分布如图44所示。

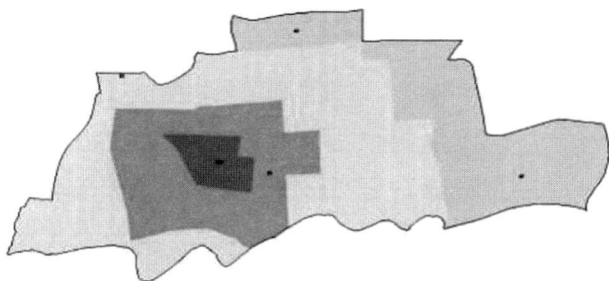

图 42 沂源县 2019 年城区商业用地规划影响度作用分布

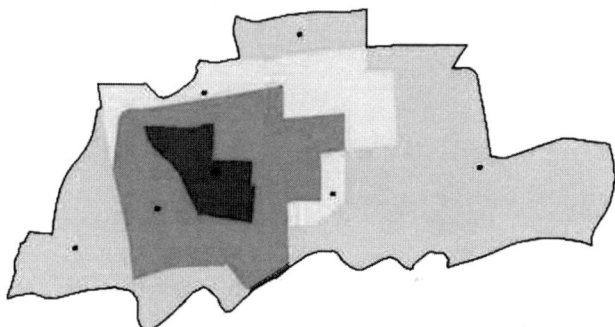

图 43 沂源县 2019 年城区住宅用地规划影响度作用分布

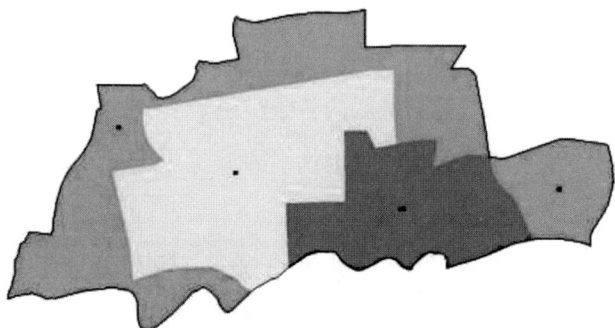

图 44 沂源县 2019 年城区工业用地规划影响度作用分布

三、沂源县 2019 年城区土地评估单元划定结果

沂源县2019年城区土地级别划定采用网格法对评估范围进行了评估单元的划分，整个评估范围按实地距离50米×50米，被划分为18820个评价单元。沂源县2019年城区土地评估单元如图45所示。

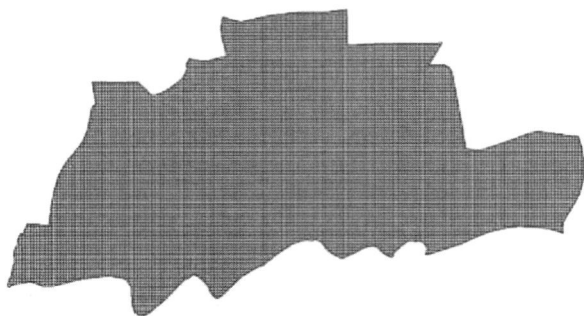

图 45　沂源县 2019 年城区土地评估

四、沂源县 2019 年城区土地定级评估结果

沂源县2019年城区土地级别评估范围内铁路、河流主要为螳螂河，考虑沂源县城区内各条交通干道、桥梁已基本能穿越通过，故不将其作为阻隔地物，即沂源县2019年城区土地级别评估不考虑阻隔地物影响。

沂源县2019年城区土地级别划分，采用总分频率曲线法，按照沂源县城区土地实际情况，选择频率曲线分布突变处作为城区土地级别的分界，根据不同城区土地级别的总分值区

间，确定每个城区土地定级评估单元归属的土地级别。沂源县
2019年城区商业用地评估单元分值频率直方图如图46所示，沂
源县2019年城区住宅用地评估单元分值频率直方图如图47所
示，沂源县2019年城区工业用地评估单元分值频率直方图如图
48所示。

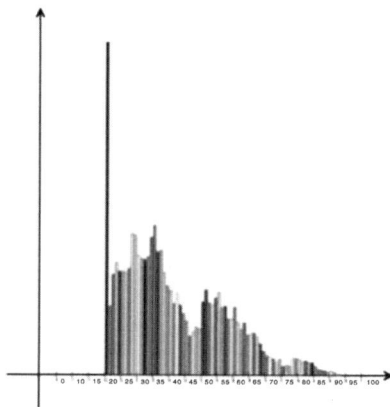

图 46 沂源县 2019 年城区商业用地评估单元分值频率

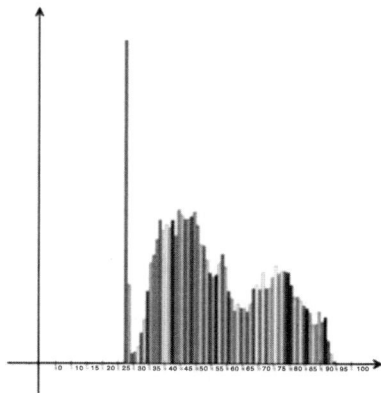

图 47 沂源县 2019 年城区住宅用地评估单元分值频率

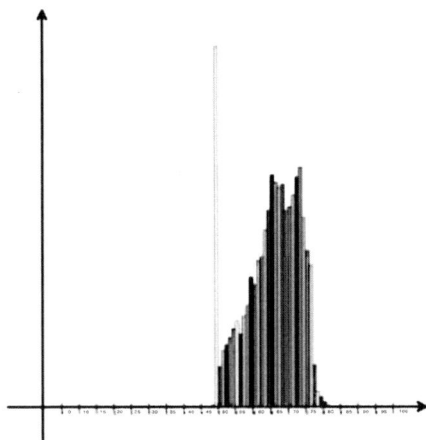

图 48　沂源县 2019 年城区工业用地评估单元分值频率

　　结合沂源县城区土地市场交易的实际情况，确定沂源县2019年城区商业用地定级评估单元总分值分界点为77、64、47、32，沂源县2019年城区住宅用地定级评估单元总分值分界点为87、73、55、43，沂源县2019年城区工业用地定级评估单元总分值分界点为75、69、60。在确定沂源县2019年城区商业用地、住宅用地、工业用地定级评估单元总分值分界点的基础上，确定沂源县2019年城区土地不同级别的总分值区间如表18所示。运用城镇土地定级估价系统软件（JTInfo）形成沂源县2019年城区商业用地定级初步级别图如图49所示，沂源县2019年城区住宅用地定级初步级别图如图50所示，沂源县2019年城区工业用地定级初步级别图如图51所示。

表 18 沂源县 2019 年城区土地级别总分值区间

城区土地	一级	二级	三级	四级	五级
商业用地	≥77	64—77	47—64	32—47	<32
住宅用地	≥87	73—87	55—73	43—55	<43
工业用地	≥75	69—75	60—69	<60	—

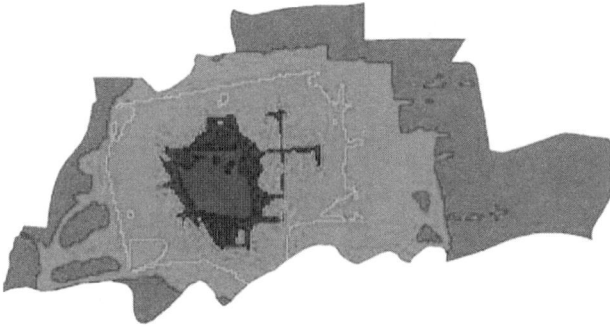

图 49 沂源县 2019 年城区商业用地定级初步级别图

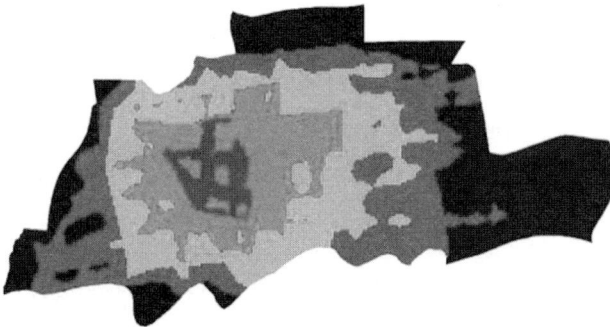

图 50 沂源县 2019 年城区住宅用地定级初步级别图

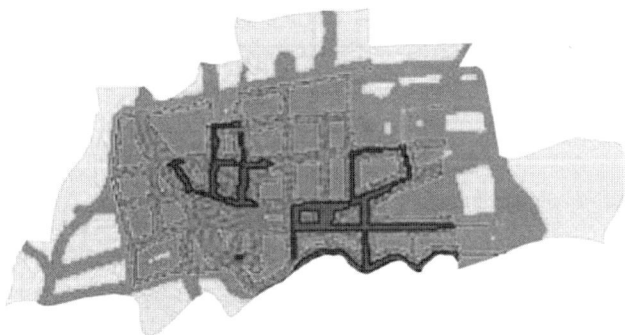

图 51 沂源县 2019 年城区工业用地定级初步级别图

随着社会经济发展，沂源县城区土地市场交易日趋活跃，城区土地市场交易日趋频繁，交易资料较为充分，故采用沂源县城区土地市场交易价格对初步划定的土地定级结果进行验证。将沂源县城区土地定级评估范围划分出城区商业用地、城区住宅用地、城区工业用地的均质区域，对均质区域内的样点基准地价进行统计、检验、分析、比较、修正，获得各均质区域平均地价，对各均质区域平均地价进行数理统计分析后，获得沂源县城区商业用地、住宅用地、工业用地各个级别对应的平均地价区间，在工作底图上对处于同一地价区间的相邻均质地域勾画成块，对沂源县城区商业用地、住宅用地、工业用地初步定级结果进行验证，经校验，初步定级结果与沂源县城区土地市场交易价格相吻合。

将经沂源县城区土地市场交易价格验证后的级别界线，通过实地调查，落实到铁路、道路、河流等明显的线状地物上。征求政府、自然资源主管部门等相关部门和专家的意见，经实地勘察论证，对确需调整的地方，在不影响定级科学性的基础上作适当调整形成最终定级成果。基于沂源县2019年城区商业用地、住宅用地、工业用地土地级别图，利用软件进行面积量算，得出沂源县2019年城区商业用地、住宅用地、工业用地各个级别的土地面积以及其在总面积中所占的比重如表19所示。沂源县2019年城区商业用地级别边界描述如表20所示沂源县2019年城区商业用地最终定级结果如图52所示，沂源县2019年城区住宅用地级别边界描述如表21所示，沂源县2019年城区住宅用地最终定级结果如图53所示，沂源县2019年城区工业用地级别边界描述如表22所示，沂源县2019年城区工业用地最终定级结果如图54所示。

表 19 沂源县 2019 年城区土地级别总分值区间

级别	商业用地		住宅用地		工业用地	
	面积（平方千米）	比例（%）	面积（平方千米）	比例（%）	面积（平方千米）	比例（%）
一级	0.93	2.09	1.61	3.62	0.83	1.87
二级	4.13	9.30	8.16	18.37	3.22	7.25
三级	10.41	23.43	9.07	20.41	19.20	43.21
四级	13.13	29.55	13.06	29.39	21.18	47.67
五级	15.83	35.63	12.53	28.20	——	——

注：表中沂源县 2019 年城区商业用地、住宅用地、工业用地各个级别面积为扣除
    沂源县城区绿地与水域之后的面积。

表 20　沂源县 2019 年城区商业用地各级别边界描述

级别	级别边界描述
一级	振兴路—历山路—胜利路—药玻路—荆山路—螳螂河—振兴路所围合区域及边界道路外侧宗地
二级	一级商业用地外围，鲁山路—历山路—新城路—瑞阳大道—鲁山路—润生路—振兴路—瑞阳大道—荆山路—二郎山路—沂河路—螳螂河—鲁山路所围合区域及边界道路外侧宗地
三级	二级商业用地外围，人民路—富源路—振兴路—荆山路—瑞阳大道—沂河—螳螂河—沂河路—南麻大街—济南路—人民路所围合区域及边界道路外侧宗地
四级	三级商业用地外围，评估范围北边界—规划嵩山路—规划东埠路—人民路—埠岭北路—鲁山路—宏泰路—沂河—螳螂河—沂河路—评估范围西边界—341国道—济南路—南麻大街北延—评估范围北边界所围合区域
五级	评估范围内除一、二、三、四级区域的其他区域

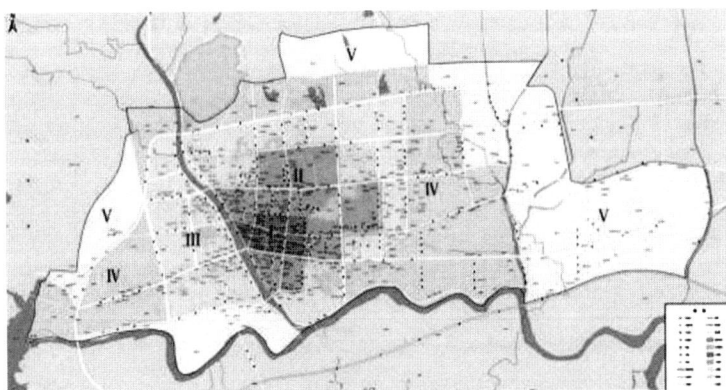

图 52　沂源县 2019 年城区商业用地定级图

表 21　沂源县 2019 年城区住宅用地各级别边界描述

级别	级别边界描述
一级	鲁山路—军民路—胜利路—药玻路—荆山路—螳螂河—鲁山路所围合区域
二级	一级住宅用地外围，螳螂河—评估范围北边界—规划嵩山路—瑞阳大道—人民路—富源路—鲁山路—润生路—振兴路—瑞阳大道—荆山路—螳螂河所围合区域
三级	二级住宅用地外围，分两个区域：第一个区域：瑞阳大道—规划嵩山路—规划东埠路—人民路—埠岭北路—鲁山路—富源路—振兴路—荆山路—瑞阳大道所围合区域。第二个区域：济南路—螳螂河—荆山路—瑞阳大道—沂河—螳螂河—沂河路—南麻大街—济南路所围合区域
四级	三级住宅用地外围，评估范围北边界—埠村河西路—宏泰路—沂河—螳螂河—沂河路—评估范围西边界—341国道—济南路—南麻大街北延—评估范围被编辑所围合区域
五级	评估范围内除一、二、三、四级区域的其他区域

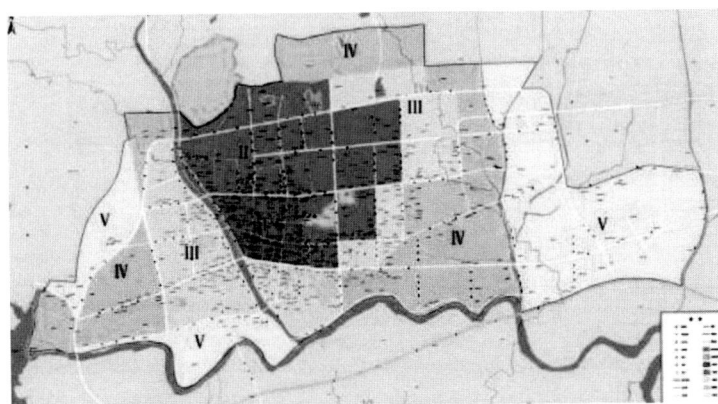

图 53　沂源县 2019 年城区住宅用地定级图

表 22   沂源县 2019 年城区工业用地各级别边界描述

级别	级别边界描述
一级	振兴路—历山路—胜利路—药玻路—荆山路—螳螂河—振兴路所围合区域
二级	一级工业用地外围，鲁山路—瑞阳大道—荆山路—螳螂河—鲁山路所围合区域
三级	二级工业用地外围，人民路—埠岭北路—鲁山路—宏泰路—振兴路—评估范围东边界—沂河—薛馆路—南麻大街—天津路（含北侧宗地）—枣庄路—上海路—螳螂河—人民路所围合区域
四级	评估范围内除一、二、三、四级区域的其它区域

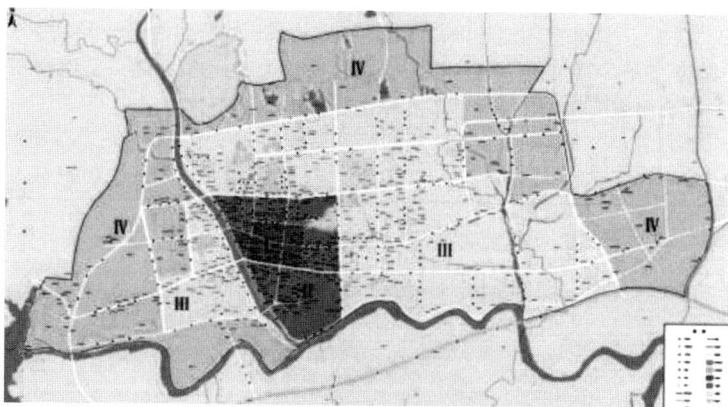

图 54   沂源县 2019 年城区工业用地定级图

第四节 研究区 2019 年城区土地基准地价评估结果

一、沂源县 2019 年城区土地基准地价内涵界定

沂源县2019年城区土地基准地价评估基准日为2019年1月1日；沂源县2019年城区土地权力属于完整的国有建设用地使用权；沂源县2019年城区土地设定为商业、住宅、工业三种用途；沂源县2019年城区商业用地容积率为1.6，沂源县2019年城区住宅用地容积率为1.5，沂源县2019年城区住宅用地容积率为1.0；沂源县2019年城区商业用地使用年期为40年，沂源县2019年城区住宅用地使用年期为70年，沂源县2019年城区住宅用地使用年期为50年；沂源县2019年城区商业用地土地还原率为6%，沂源县2019年城区住宅用地土地还原率为5%，沂源县2019年城区住宅用地土地还原率为4%；沂源县2019年城区商业用地开发程度为一、二、三级对应"七通一平"（包括通路、通电、通讯、通水、排水、供热、通气以及场地平整），四级对应"六通一平"（较"七通一平"缺少供热），五级对应"五通一平"（较"六通一平"缺少通讯）；沂源县2019年城区住宅用地开发程度为一、二、三级对应"七通一平"，四级对应"六通一平"，五级对应"五通一平"，沂源县2019年城区工业用地开发程度为一、二级对应"七通一平"，三级对应"六通一平"，四级对应"五通一平"。

二、沂源县2019年城区土地基准地价评估资料调查与整理

沂源县2019年城区土地基准地价评估资料调查采取"部门调查与分区域实地调查相结合"的普查与重点调查相结合的方法。沂源县2019年城区商品房买卖样点资料由市住建局与房地产开发企业共同提供，沂源县2019年城区房屋出租样点来源于逐街道实地调查，沂源县2019年城区二手房买卖样点来源于实地调查交易案例，沂源县2019年城区土地招、拍、挂市场交易样点资料来源于淄博市土地储备与统一征地服务中心提供的实际成交案例。经过筛选整理，剔除异常样点，得到15372个有效样点如表23所示。

表 23　沂源县 2019 年城区样点统计

城区土地	样点类型	样点个数
商业用地	商品房开发销售	1458
	房屋出租	157
	土地招、拍、挂	17
	小计	1632
住宅用地	商品房开发销售	12122
	二手房买卖	1488
	房屋出租	64
	土地招、拍、挂	34
	小计	13708
工业用地	土地招、拍、挂	32
合计		15372

三、沂源县 2019 年城区土地基准地价评估参数确定

（一）沂源县2019年城区土地基准地价容积率确定

根据测算，沂源县2016—2018年城区商业用地出让市场交易样点平均容积率为1.45，住宅用地出让市场交易样点平均容积率为1.67如表24所示，工业用地出让样点规划容积率基本分布在0.6—1.5之间。

表 24　沂源县 2016—2018 年城区市场交易样点容积率统计

年份	商业用地		平均容积率	住宅用地		平均容积率
	土地总面积	建设用地总面积		土地总面积	建设用地总面积	
2016年	43527.20	68397.95	1.57	201984.06	282983.86	1.40
2017年	7234.54	14601.70	2.02	98886.14	145536.33	1.47
2018年	276879.97	393584.16	1.42	250404.87	490592.92	1.96
合计	327641.71	476583.81	1.45	551275.07	919113.11	1.67

沂源县2016—2018年城区已成交商业用地多分布在城区外围，城区内商业用地均为住宅配套的小区商业用地或住宅底商用地，已成交住宅用地基本分布在东部、西部，多为小高层或高层建筑，城区原有商业、住宅用地多为多层建筑，根据上述特点，结合规划部门意见，综合确定沂源县2019年城区基准地价商业用地容积率为1.6，沂源县2019年城区基准地价住宅

用地容积率为1.5。

根据沂源县2016—2018年城区招拍挂工业用地规划容积率情况和《关于发布和实施《工业项目建设用地控制指标》的通知》（国土资发[2008]24号）、《节约集约利用土地规定》（国土资源部第61号令，2014年5月22日发布）和《关于做好山东省建设用地控制指标实施工作的通知》（鲁政办发[2018]39号），结合淄博市工业行业类型，综合确定沂源县2019年城区基准地价工业用地容积率为1.0。

（二）沂源县2019年城区土地还原率、房屋还原率确定

1. 沂源县2019年城区土地还原率确定

沂源县2019年城区土地还原率采用安全利率加风险调整值法和投资风险与投资收益率综合排序插入法两种方法来确定。

（1）基于安全利率加风险调整值法的沂源县2019年城区土地还原率确定

经资料统计，近六年来中国人民银行公布的一年期存款利率共发生过5次变动，平均值为2.15%，如表25所示，处在历史低位，综合考虑近年来政府宏观货币政策和对未来政策的预测，沂源县2019年城区土地基准地价评估中安全利率采用近六年来中国人民银行公布的一年期定期存款利率的平均值，即：安全利率=2.15%。

表 25　沂源县近 6 年一年期定期存款利率统计

日期	一年期存款利率
2014年11月22日	2.75%
2015年3月1日	2.50%
2015年5月11日	2.00%
2015年8月26日	1.75%
2015年10月24日	1.50%
平均值	2.15%

此外，经查询，2018年度国债分为三年期以及五年期的凭证式国债和电子式国债如表26所示，考虑国债购买存在一定难度、国债购买的时间限制、国债提前赎回带来的利息损失等因素，沂源县2019年城区土地基准地价评估安全利率未采用其国债利率。

表 26　沂源县 2018 年国债情况统计

国债品种	期限	票面利率	付息方式
凭证式国债	三年	4.00%	到期一次还本付息
	五年	4.27%	
电子式国债	三年	4.00%	每年付息一次
	五年	4.27%	

风险调整值，通常来讲，是由社会投资的平均风险和投资项目自身的风险所产生的数值。就我国而言，社会投资的平均风险主要来源于社会经济发展中所产生的通货膨胀，投资项

目自身的风险主要来源于项目的开发周期、项目的社会供给与需求不对等、项目经营中的财务管理问题等，沂源县2019年城区土地基准地价评估风险调整值主要由通货膨胀率和行业分散风险组成。具体计算过程为将近三年淄博市平均通货膨胀率与特尔菲法确定的投资商业用地、住宅用地、工业用地时的行业分散风险值加和（见表27）。

通货膨胀率一般通过价格指数的增长率间接表示，根据沂源县统计局公布的2013—2018年统计公告，沂源县城区2013—2018年消费价格指数如图55所示。

居民消费价格指数（以上年同期为100）

居民消费价格指数（以上年同期为100）

图 55 沂源县城区 2013—2018 年消费价格指数图

以2012年为基期年，沂源县城区2013—2018年的通货膨胀率分别为1.7%、1.6%、1.1%、2.3%、1.2%、2.9%，经计算，沂源县城区近六年平均通货膨胀率为1.8%。

沂源县2019年城区土地基准地价评估通过分析各种风险因素的影响程度如表27所示，运用特尔菲法确定各项风险因素的权重值如表28所示，进而确定沂源县2019年城区土地基准地价评估的行业分散风险值。

表 27 沂源县 2019 年城区土地基准地价评估风险因素影响程度

风险因素	风险因素	商业用地	住宅用地	工业用地
政策风险	产业政策	较严重	不严重	不严重
	土地使用制度改革	不严重	不严重	不严重
	住房制度	较严重	较严重	无影响
	环保变化	较严重	无影响	不严重
经济风险	市场供求	最严重	最严重	不严重
	财务风险	较严重	较严重	不严重
	管理风险	最严重	较严重	不严重
	当地经济发展	较严重	不严重	不严重
社会风险	城市规划	最严重	较严重	较严重
	区域发展	较严重	不严重	不严重
	治安	较严重	较严重	不严重

表 28 沂源县 2019 年城区土地基准地价评估风险因素权重

风险因素	权重值	风险因素	权重值
政策风险	0.26	产业政策	0.27
		土地使用制度改革	0.25
		住房制度	0.26
		环保变化	0.22
经济风险	0.46	市场供求	0.35
		财务风险	0.25
		管理风险	0.21
		当地经济发展	0.19
社会风险	0.28	城市规划	0.36
		区域发展	0.31
		治安	0.33

对风险因素影响程度进行赋值，当风险因素的影响程度为无影响时，风险赋值为0；当风险因素的影响程度为不严重时，风险赋值为1%；当风险因素的影响程度为较严重时，风险赋值为2%；当风险因素的影响程度为最严重时，风险赋值为3%。沂源县2019年城区土地基准地价评估的行业分散风险=∑（风险因素权重值×风险因素权重值）×风险赋值，经计算，沂源县2019年城区商业用地行业分散风险值为2.30%，沂源县2019年城区住宅用地行业分散风险值为1.74%，沂源县2019年城区工业用地行业分散风险值为1.04%。

基于前述计算方法，求取沂源县2019年城区土地基准地价评估商业用地风险调整值为4.10%，沂源县2019年城区土地基准地价评估住宅用地风险调整值为3.54%，沂源县2019年城区土地基准地价评估工业用地风险调整值为2.84%。进一步计算得出沂源县2019年城区土地基准地价评估商业用地还原率为6.25%，沂源县2019年城区土地基准地价评估住宅用地风险调整值为5.69%，沂源县2019年城区土地基准地价评估工业用地风险调整值为4.99%。

（2）基于投资风险与投资收益率综合排序插入法的沂源县2019年城区土地还原率确定

沂源县2019年城区土地基准地价评估，通过调查获取各种相关类型投资的收益率。其中，一年期定期存款收益率为1.50%，货币基金收益率为2.75%，保本理财产品收益率为4.11%，五年期国债收益率为4.27%，非保本理财产品收益率为6.00%，按收益率大小排序，然后分析判断沂源县2019年城区商业用地、住宅用地、工业用地所对应范围，确定其还原率。

一般来说，商业用地在商业、住宅、工业三种用地中投资风险最大，住宅用地投资风险介于商业与工业用地之间，工业用地投资风险最小。根据对沂源县2019年城区商业用地、住宅用地、工业用地投资风险排序及各类投资收益调查资料综合分析，确定沂源县2019年城区商业用地还原率为6%，沂源县2019年城区住宅用地还原率在保本理财产品收益与非保本理财产品之间，即4.11%—6.00%，平均值为5.06%，沂源县2019年城区工业用地投资风险相对最小，其土地还原率在货币基金与保本理财产品之间，即2.75%—4.11%之间，平均值为3.43%。

2. 沂源县2019年城区土地还原率确定

根据以上两种方法计算出的沂源县2019年城区商业用地、住宅用地、工业用地还原率，取算术平均值作为沂源县2019年城区商业用地、住宅用地、工业用地还原率初步结果如表29所示。

表29 沂源县2019年城区土地还原率初步结果

城区土地	安全利率加风险调整值法	投资风险与投资收益率综合排序插入法	算术平均值
商业用地	6.25	6.00	6.13
住宅用地	5.69	5.06	5.38
工业用地	4.99	3.43	4.21

根据以上结果，经与相关专家商榷讨论，最后综合确定沂源县2019年城区商业用地土地还原率为6%，沂源县2019年城区住宅用地土地还原率为5%，沂源县2019年城区工业用地土地还原率为4%。

3. 沂源县2019年城区土地房屋还原率确定

综合考虑沂源县房地产市场发展情况，确定沂源县2019年城区土地房屋还原率为在沂源县2019年城区土地还原率基础上上调1%，即沂源县2019年城区商业用地房屋还原率为7%，沂源县2019年城区住宅用地房屋还原率为6%，沂源县2019年城区工业用地房屋还原率为5%。

（三）沂源县2019年城区土地房屋建安造价、耐用年限及残值率确定

根据淄博市建筑管理处公布的《关于公布淄博市建筑工程建设平方米造价估价表的通知》，以及对"淄博市建设工程照片投标和标准造价协会信息网""淄博市住房和城乡建设局"官网的资料搜集、对沂源县部分房地产开发企业的调查，参考历年来沂源县土地估价、房地产估价过程中的房屋建安造价、耐用年限以及残值率等数据，确定沂源县2019年城区土地房屋建安造价如表30所示，沂源县2019年城区土地耐用年限、残值率如表31所示。

表 30 沂源县 2019 年城区土地房屋建安造价

建筑类型	工程类型	结构类型	单位造价（元/平方米）
民用建筑	公用建筑	民用多层砖混结构（不包含住宅楼）	1300
		民用多层框架结构（不包含住宅楼）	1600
		民用小高层框架、剪力墙结构（不包含住宅楼）	1750
		民用高层框架、剪力墙结构（不包含住宅楼）	1900
		民用超高层框架、剪力墙结构（不包含住宅楼）	2100
	居住建筑	多层砖混结构住宅楼	1260
		多层框架结构住宅楼	1520
		小高层框架、剪力墙结构住宅楼	1710
		高层框架、剪力墙结构住宅楼	2420
		超高层框架、剪力墙结构住宅楼	2520
工业建筑	多层框架结构	—	1400
	单层排架结构	—	1450

表 31 沂源县 2019 年城区土地房屋耐用年限、残值率

结构类型	框架结构	钢混结构	砖混结构	钢结构	砖木结构
耐用年限	70	60	50	50	40
残值率	0%	0%	2%	0%	4%

（四）沂源县2019年城区土地开发费用确定

沂源县2019年城区土地开发费用确定主要参考《关于印发淄博市中心城区城市基础设施配套费征收使用管理办法通知》，以及对沂源县城区土地成片开发投入情况的市场资料调查统计分析结果。沂源县2019年城区土地开发费用如表32所示。

表32　沂源县2019年城区土地开发费用表（单位：元/平方米）

开发程度	五通一平	六通一平	七通一平
场地平整	5—10	5—10	5—10
通路	25—30	25—30	25—30
通电	20—25	20—25	20—25
通讯	5—10	5—10	5—10
通水	15—20	15—20	15—20
排水	15—20	15—20	15—20
供热		25—30	25—30
通气			20—25
合计	85—115	110—145	130—170

（五）沂源县2019年城区土地基准地价评估其它评估参数确定

沂源县2019年城区商业用地房屋出租样点基准地价评估其他评估参数、沂源县2019年城区商业用地商品房开发销售样点基准地价评估其他评估参数、沂源县2019年城区住宅用地房屋出租样点基准地价评估其他评估参数、沂源县2019年城区住宅用地商品房开发销售样点基准地价评估其他评估参数、沂源县2019年城区工业用地市场交易样点基准地价评估其他评估参数依照前述要求确定，存在特殊情况的评估参数以及需要结合实际情况确定的评估参数如下：

通过对住宅用地房屋出租样点调查，出租交易双方并不向房屋主管部门备案，也不缴纳出租管理费用，故沂源县2019年城区住宅用地房屋出租样点基准地价评估不计管理费与税费。

根据《山东省人民政府办公厅关于进一步清理规范政府性基金和行政事业性收费的通知》（鲁政办字[2017] 83号），沂源县2019年城区土地基准地价评估中地方水利建设基金的征收比例调整为0.5%。

沂源县2019年城区土地基准地价评估中利息率按照中国人民银行公布的一年期贷款年利息率4.35%计。

沂源县2019年城区土地基准地价评估中商业用地商品房利润率按不同级别取10%—20%、住宅用地商品房利润率按不同级别取15%—30%、工业用地开发利润率按级别取10%—15%。

根据《山东省人民政府关于调整山东省征地区片综合地价标准的批复》（鲁政办字[2015] 286号），沂源县2019年城区土地基准地价评估中土地补偿费如表33所示，具体分布状况如图56所示。

表33 沂源县2019年城区土地补偿费

区片编号	土地补偿费	范围描述
Ⅰ	6万元/亩	付家庄村北村界—荆山园艺场北边界—西台村西北村界—西鱼台村西、北村界—彩板峪村西、北村界—西沙沟村、北大岩村北村界—北大岩村东北村界—西山村北、东村界—西埠村东北村界—东埠村北、东村界—儒林集村东村界—南石臼村东村界—济青南线—沂河—南埠东村西北村界—北埠东村、西下高庄村、西上高庄村西村界—付家庄村西边界封闭区域
Ⅱ	5.5万元/亩	南麻镇、历山街道办事处（除去区片Ⅰ的剩余部分），悦庄镇（除去区片Ⅰ、Ⅲ—2的剩余部分），鲁村镇
Ⅲ—1	5万元/亩	大张庄镇、燕崖镇、中庄镇、西里镇、东里镇、张家坡镇、石桥镇、鲁村镇
Ⅲ—2	5万元/亩	南鲁山镇及原三岔乡合并至悦庄镇的董家峪村、田峪村、陈家官庄村、前坡村、黑山峪村、北鲍庄村、东鲍庄村、流水店村、南鲍庄村、西鲍庄村、芝麻峪村、衣家庄村、水泉溜村、龙汪崖村

图56 沂源县2019年城区土地补偿费分布图

根据《关于淄博市征地地上附着物和青苗补偿标准的批复》（鲁价费发[2017] 354号）以及沂源县自然资源管理部门提供的资料，沂源县2019年城区土地基准地价评估中青苗补偿费取1800—3000元/亩。

根据《山东省土地征收管理办法》（山东省人民政府令第226号），沂源县2019年城区土地基准地价评估中社会保障费取1万元/亩（征地区片综合地价标准小于5万元/亩）、1.5万元/亩（征地区片综合地价标准大于5万元/亩且小于10万元/亩）、2万元/亩（征地区片综合地价标准大于10万元/亩）。

根据《山东省各县（市、区）耕地占用税适用税额表》，沂源县2019年城区土地基准地价评估中耕地占用税取22.5元/平方米。

根据《关于耕地开垦费征缴标准的通知》（淄国土资发[2018] 3号），沂源县2019年城区土地基准地价评估中耕地开垦费取50000元/亩。

根据收集到的沂源县城区工业用地成交案例，沂源县2019年城区土地基准地价评估中土地增值收益为成本价格的20%。

四、沂源县 2019 年城区土地基准地价确定与分析

（一）沂源县2019年城区土地基准地价确定

1. 沂源县2019年城区土地基准地价初步确定

沂源县2019年城区土地基准地价初步确定结果如表34所示。

表34 沂源县2019年城区土地基准地价初步确定结果（单位：元/平方米）

土地级别	一级	二级	三级	四级	五级
商业用地	2032	1652	1281	940	689
住宅用地	2100	1712	1342	980	725
工业用地	386	302	254	226	——

2. 沂源县2019年城区土地基准地价最终确定

对沂源县2019年城区商业用地、住宅用地、工业用地各个级别土地定级评估单元总分值进行平均值计算如表35所示。

表35 沂源县2019年城区土地定级评估单元平均分值

土地级别	一级	二级	三级	四级	五级
商业用地	82.14	68.57	55.06	37.97	24.92
住宅用地	89.42	79.04	63.64	48.42	35.22
工业用地	75.94	71.89	64.78	53.37	——

利用Excel软件进行数据分析，建立沂源县2019年城区商业用地、住宅用地、工业用地样点基准地价与单元总分值之间的数学模型，沂源县2019年城区商业用地数学模型、沂源县2019年城区住宅用地数学模型、沂源县2019年城区工业用地数学模型分别如下：

$$y=0.1347x^2+9.1877x+382.1935$$

式中：

y代表沂源县2019年城区商业用地土地定级评估单元平均分值；

x代表沂源县2019年城区商业用地样点基准地价。

$$y=0.1586x^2+5.1228x+354.1249$$

式中：

y代表沂源县2019年城区住宅用地土地定级评估单元平均分值；

x代表沂源县2019年城区住宅用地样点基准地价。

$$y=0.5421x^2-27.3946x+716.0563$$

式中：

y代表沂源县2019年城区工业用地土地定级评估单元平均分值；

x代表沂源县2019年城区工业用地样点基准地价。

将沂源县2019年城区商业用地、住宅用地、工业用地各个级别土地定级评估单元平均分值代入相应数学模型中，得到沂源县2019年城区商业用地各个级别土地的基准地价拟合值如表36、如图57所示，沂源县2019年城区住宅用地各个级别土地的基准地价拟合值如表37、如图58所示，沂源县2019年城区工业用地各个级别土地的基准地价拟合值如表38、如图59所示。

表36　沂源县2019年城区商业用地基准地价拟合值（单位：元／平方米）

商业用地	一级	二级	三级	四级	五级
平均分值	82.14	68.57	55.06	37.97	24.92
样点基准地价	2045	1652	1281	940	689
基准地价拟合值	2046	1646	1296	925	695
误差	0.05%	−0.36%	1.17%	−1.60%	0.87%

表 37　沂源县 2019 年城区住宅用地基准地价拟合值 (单位: 元 / 平方米)

住宅用地	一级	二级	三级	四级	五级
平均分值	89.42	79.04	63.64	48.42	35.22
样点基准地价	2100	1712	1342	980	725
基准地价拟合值	2080	1750	1322	974	731
误差	−0.95%	2.22%	−1.49%	−0.61%	0.83%

表 38　沂源县 2019 年城区工业用地基准地价拟合值 (单位: 元 / 平方米)

工业用地	一级	二级	三级	四级
平均分值	75.94	71.89	64.78	53.37
样点基准地价	386	302	254	226
基准地价拟合值	379	317	246	228
误差	−1.81%	4.97%	−3.15%	0.88%

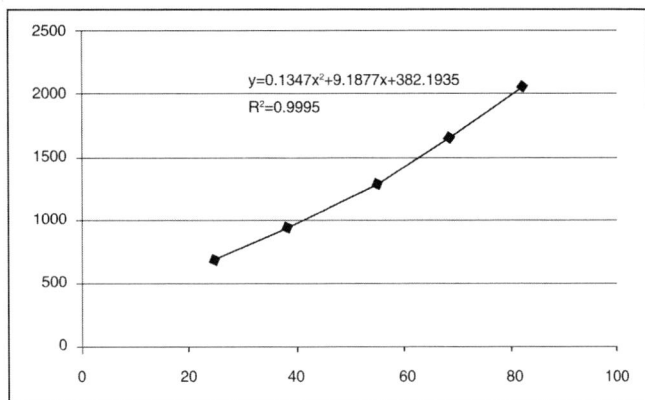

图 57　沂源县 2019 年城区商业用地基准地价拟合图

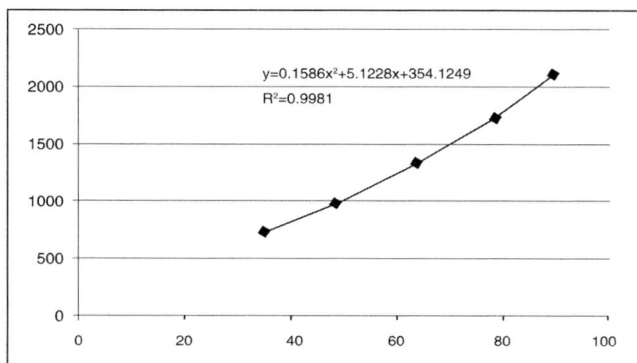

图 58 沂源县 2019 年城区住宅用地基准地价拟合图

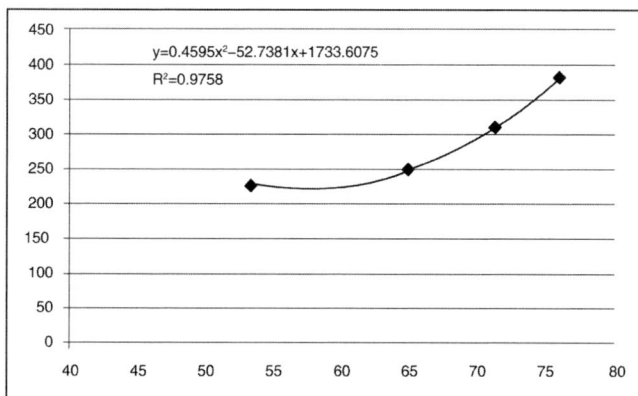

图 59 沂源县 2019 年城区工业用地基准地价拟合图

邀请自然资源局业务科室人员及有关专家对上述结果进行多方分析、调整后，最终确定沂源县2019年城区土地基准地价如表39所示。

表 39　沂源县 2019 年城区土地基准地价（单位：元／平方米）

基准地价	商业用地	住宅用地	工业用地
一级	2040	2106	385
二级	1650	1701	300
三级	1287	1332	255
四级	942	987	225
五级	686	728	

（三）沂源县2019年城区土地基准地价分析

1. 沂源县2019年城区商业用地基准地价评估结果与上轮结果比较分析

沂源县2019年城区商业用地基准地价评估结果与上轮结果比较如图60所示。

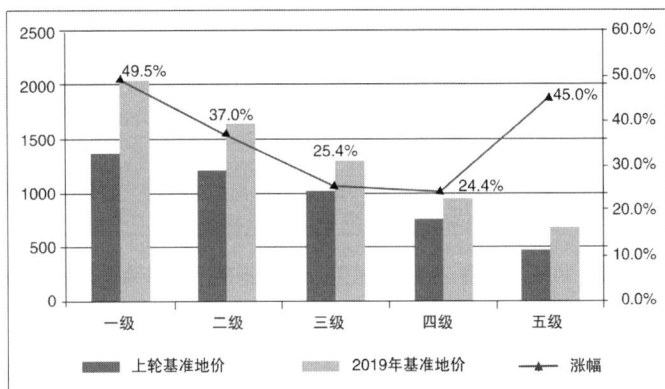

图60　沂源县2019年城区商业用地基准地价评估结果与上轮结果比较

与上一轮基准地价评估结果相比，沂源县2019年城区商业用地基准地价最高上涨49.5%，最低上涨24.4%，总体来看，末级商业用地由于上轮基准地价评估基数低导致涨幅较高，高级别商业用地基准地价上涨幅度高于低级别商业用地基准地价。此现象产生的原因一方面由于经济高速增长、城市化进程加快、商业地产依然向好以及第三产业比重越来越大，使得商业用地基准地价总体涨幅略高于社会经济发展增速；另一方面由于高级别区域社会资源、商业氛围、城市基础设施日趋集中，而城郊结合部和城市边缘发展缓慢，反映在基准地价上即高级别商业用地基准地价增速大于外围商业用地基准地价增速。

2. 沂源县2019年城区住宅用地基准地价评估结果与上轮结果比较分析

沂源县2019年城区住宅用地基准地价评估结果与上轮结果比较如图61所示。

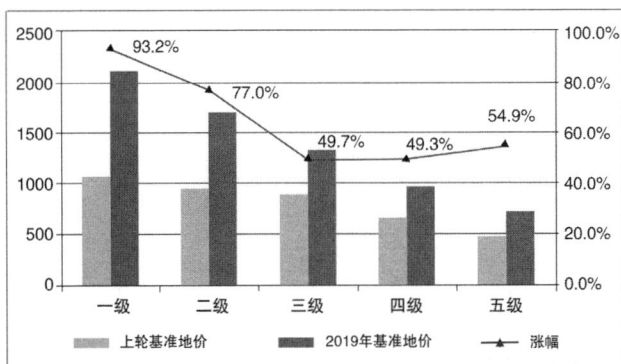

图61　沂源县2019年城区住宅用地基准地价评估结果与上轮结果比较

沂源县2019年城区住宅用地基准地价与上一轮基准地价评估结果相比增长幅度较大，涨幅在49.3%—93.2%之间，涨幅较大。此现象产生的原因一方面由于大型房企纷纷看好沂源县并抢占沂源县房地产市场，沂源县房地产市场步入快车道，住宅销售持续快速增长，商品住宅售价增长快速，传导到沂源县土地市场，直接导致沂源县2019年城区住宅用地基准地价大幅上涨；另一方面由于人们购房投资热情进一步提高，导致房价增速较快，部分住宅楼盘售价变动情况如表40所示，促进了沂源县2019年城区住宅用地基准地价的增长。

表 40　沂源县城区部分住宅楼盘售价变动情况（单位：元 / 平方米）

楼盘名称	2016年	2017年	2018年
安心家园	4615	4973	5256
海泰名郡花园	4501	4959	5677
和源名居	4247	4788	4722
河北居民小区	4255	4738	5615
鲁源锦绣园多层	4531	4656	5959
鲁源锦绣园高层	4269	4322	5737
名仕庄园	4662	5024	5949
尚品江南小区	5068	7096	7534
水景园小区	4478	4517	5772
温泉家园	3979	4397	6864
西台新居	4377	4628	5352
御水花园	3667	3940	4381
中房翡翠山景	6249	6536	8238
怡康嘉苑	3170	4104	5304
怡居苑	4365	4717	5344
沂蒙佳苑高层	4887	5295	5585
沂蒙佳苑多层	7358	8383	8231
溪台花园	3759	5218	6422
水韵康庭	5026	6727	7048
润泽佳苑	4602	4648	5082
金杉秀水湾	4278	4474	4681

3. 沂源县2019年城区工业用地基准地价评估结果与上轮结果比较分析

沂源县2019年城区工业用地基准地价评估结果与上轮结果比较如图62所示。

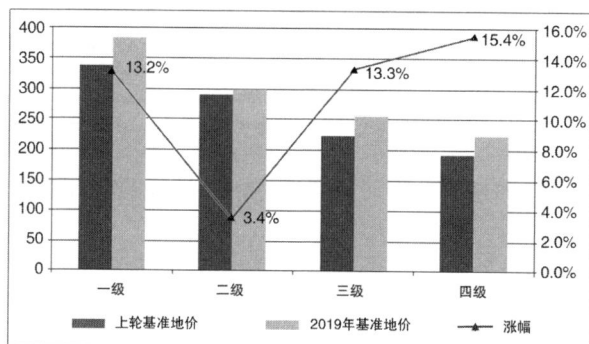

图62　沂源县2019年城区工业用地基准地价评估结果与上轮结果比较

与上一轮基准地价评估结果相比，沂源县2019年城区工业用地基准地价最高上涨15.4%，最低上涨3.4%，其中，三级地、四级地涨幅较高。此现象产生的原因一方面由于最近几年来沂源县城区中心不再供应工业用地，工业用地项目主要集中在城区外围，以三级地、四级地为主；另一方面由于沂源县征地区片价、耕地开垦费等上涨，土地征收使用成本有所增加，促进了沂源县2019年城区工业用地基准地价的增长。

4. 沂源县2019年城区商业用地基准地价级别间差异分析

沂源县2019年城区商业用地基准地价级别间差异如图63所示。

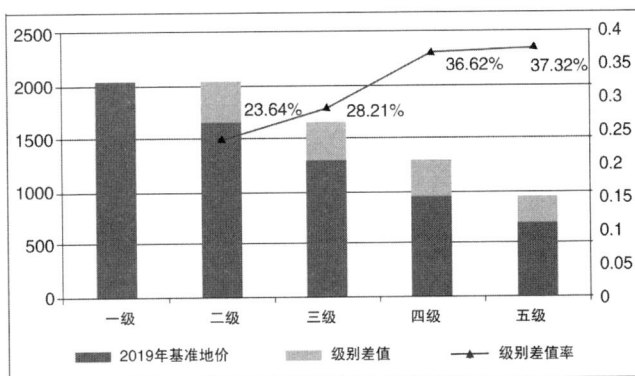

图 63 沂源县 2019 年城区商业用地基准地价级别间差异

从沂源县2019年城区商业用地各个相邻级别之间基准地价的差值来看，最小差值为256元/平方米，最大差值为390元/平方米，各个相邻级别之间基准地价的平均差值为339元/平方米，该平均差值占沂源县2019年城区商业用地基准地价平均值的比例为25.62%。从沂源县2019年城区商业用地各个相邻级别之间基准地价差值占沂源县2019年城区商业用地较低级别基准地价的比率来看，最小比率为23.64%，最大比率为37.32%。此外，由于一级商业用地和二级商业用地商业聚集程度高，属于沂源县城区最繁华区域，影响地价水平的各项因素差异较小，因此，一级地、二级地级差比率较小。而从三级商业用地至五级商业用地以一级商业用地、二级商业用地为中心均匀向外扩散，商业设施级别、人流量、交通便捷度等均逐渐递减，因此，三级商业用地至五级商业用地级差率逐渐递增。

5. 沂源县2019年城区住宅用地基准地价级别间差异分析

沂源县2019年城区住宅用地基准地价级别间差异如图64所示。

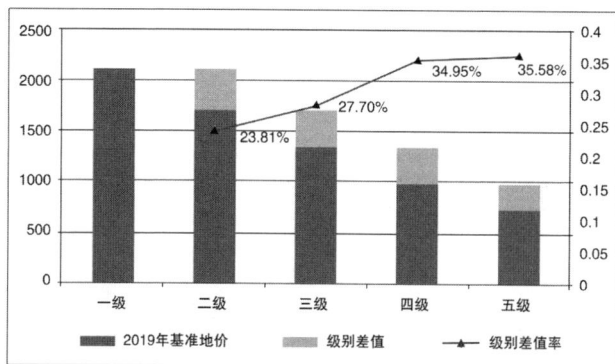

图 64 沂源县 2019 年城区住宅用地基准地价级别间差异

从沂源县2019年城区住宅用地各个相邻级别之间基准地价的差值来看，最小差值为259元/平方米，最大差值为405元/平方米，各个相邻级别之间基准地价的平均差值为345元/平方米，该平均差值占沂源县2019年城区住宅用地基准地价平均值的比例为25.13%。从沂源县2019年城区住宅用地各个相邻级别之间基准地价差值占沂源县2019年城区住宅用地较低级别基准地价的比率来看，最小比率为23.81%，最大比率为35.58%。此外，由于一级住宅用地、二级住宅用地、三级住宅用地内包含大量公用设施，这些公用设施规模大且影响范围广，使得级住宅用地、二级住宅用地、三级住宅用地的生活便利度相差不大，因此三者级差比率较小，而四级住宅用地、五级住宅用地公用设施较少，生活极不方便，因此两者级差比率较大。

6. 沂源县2019年城区工业用地基准地价级别间差异分析

沂源县2019年城区工业用地基准地价级别间差异如图65所示。

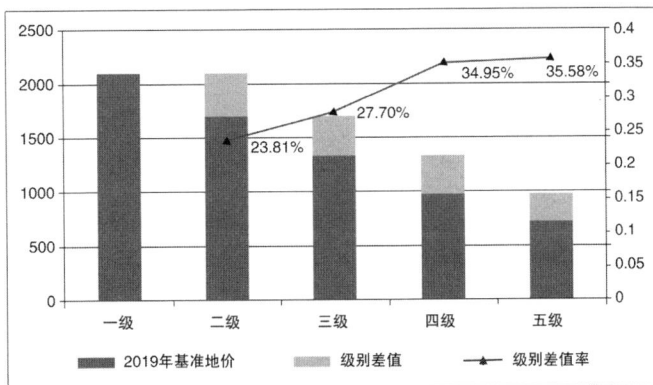

图65　沂源县2019年城区工业用地基准地价级别间差异

从沂源县2019年城区工业用地各个相邻级别之间基准地价的差值来看，最小差值为30元/平方米，最大差值为85元/平方米，各个相邻级别之间基准地价的平均差值为53元/平方米，该平均差值占沂源县2019年城区工业用地基准地价平均值的比例为18.31%。从沂源县2019年城区工业用地各个相邻级别之间基准地价差值占沂源县2019年城区工业用地较低级别基准地价的比率来看，最小比率为13.33%，最大比率为28.33%。此外，由于沂源县城区计划近几年将一级工业用地、二级工业用地逐步迁出，各个级别工业用地拆迁成本相差较大，造成一级工业用地、二级工业用地、三级工业用地基准地价级差较大，而三级工业用地、四级工业用地交易较为活跃，实际基准地价级差比率较小。

7. 沂源县2019年城区土地基准地价与土地供需协调性分析

基于沂源县2016—2018年城区土地招、拍、挂交易案例，分析沂源县2019年城区土地基准地价与土地供需的协调性，验证沂源县2019年城区土地基准地价的合理性。

（1）沂源县2019年城区商业用地基准地价与土地供需协调性分析

沂源县2016—2018年城区商业用地土地招、拍、挂案例信息如表41所示。

表41 沂源县2016—2018年城区商业用地土地招、拍、挂案例信息

土地坐落	签订日期	土地面积（平方米）	单位地价（元/平方米）	容积率	出让年期	土地级别
沂源县城历山路南首东侧、振兴路南侧	2017-02-06	4933.54	2736	2.4	40年	一级
沂源县城振兴路北侧、历山路西侧	2018-10-18	2836.16	4266	2.85	住宅70年商业40年	一级
沂源县城瑞阳路东侧、人民路南侧	2016-03-09	15837.68	1705	1.6	住宅70年商业40年	三级

（续表）

土地坐落	签订日期	土地面积（平方米）	单位地价（元/平方米）	容积率	出让年期	土地级别
沂源县城鲁山路南侧、润生路西侧	2016-04-27	19387.9	1320	1.6	40年	三级
沂源县城鲁山路南侧、润生路西侧	2016-10-11	19324.6	1325	1.6	40年	三级
沂源县城人民路北侧、苹果大世界西侧	2016-10-09	2547	1382	1.2	40年	四级
沂源县南麻街道办西鱼台村西南、华源路西北	2017-05-02	2301	1173	1.2	38年	五级
沂源县城南悦路南、新城路北侧	2018-01-15	13270.2	1035	0.6	40年	五级
沂源县城南悦路南侧、新城路北侧	2018-01-25	13334.72	1035	1.2	40年	五级
沂源县南麻街道刘大峪村、天湖北半岛	2018-03-22	55548.05	1062	1.5	40年	五级
沂源县经济开发区薛馆路北侧、汶河路东侧	2018-07-02	26566	360	1.3	40年	五级

沂源县2016—2018年城区商业用地土地招、拍、挂案例

共11宗，其中，一级商业用地内2宗、三级商业用地内3宗、四级商业用地内1宗、五级商业用地内5宗，二级商业用地内无成交宗地，总体来看，级别间案例分布不均且数量较少。

对沂源县2016—2018年城区商业用地土地招、拍、挂案例中地价进行估价期日、容积率、土地开发程度等修正，从而得到与沂源县2019年城区商业用地基准地价内涵相同的地价，并在进行标准差分析，剔除异常样点后，采用面积加权平均法，计算沂源县2016—2018年城区商业用地各个级别内土地招、拍、挂案例修正后地价的平均值，同时与沂源县2019年城区商业用地各个级别基准地价进行比较如表42所示。

表42 沂源县2016—2018年城区商业用地土地招、拍、挂案例地价与沂源县2019年城区商业用地基准地价对比（单位：元/平方米）

级别	一级	二级	三级	四级	五级
2019年基准地价	2040	1650	1287	942	686
商业用地土地招、拍、挂案例地价	2200	—	1393	1382	955
差异	—7.27%	—	—7.61%	—31.84%	—28.17%

高级别商业用地招、拍、挂案例地价均值略高于基准地价，四级、五级商业用地招、拍、挂案例地价均值明显高于基准地价。此现象产生的原因一方面由于商业用地招、拍、挂案例数量较少，且分布不均匀；另一方面由于低级别招、拍、挂案例主要分布于土地条件较好的区域，而基准地价作为区域平均地价需考虑级别内整体地价水平，故低级别招、拍、挂案例

地价与基准地价差距相对较大。

（2）沂源县2019年城区住宅用地基准地价与土地供需协调性分析

沂源县2016—2018年城区住宅用地土地招、拍、挂案例信息如表43所示。

表43 沂源县2016—2018年城区住宅用地土地招、拍、挂案例信息

土地坐落	签订日期	土地面积（平方米）	单位地价（元/平方米）	容积率	出让年期	土地级别
沂源县城振兴路北侧、历山路西侧	2018-10-18	2836.16	4266	2.85	住宅70年商业40年	一级
沂源县城人民路以北、瑞阳大道西侧	2016-03-10	18829.85	1275	1.15	70年	二级
沂源县城健康路北首东侧、人民路南	2016-11-03	3132.93	1609	1.3	70年	二级
沂源县城新城路北侧、人民路南侧	2017-07-14	13359.45	1684	1.3	70年	二级
沂源县健康路南首东侧	2018-10-09	7509.4	3169	1.8	70年	二级
沂源县人民路北、历山路西、苹果大世界北	2018-12-26	64358	3450	1.8	70年	二级

（续表）

土地坐落	签订日期	土地面积（平方米）	单位地价（元/平方米）	容积率	出让年期	土地级别
沂源县人民路北，历山路西	2018-12-26	24470	3000	1.5	70年	二级
沂源县城瑞阳路东侧、人民路南侧	2016-03-09	15837.68	1705	1.6	住宅70年商业40年	三级
沂源县城鲁山路以北、东营路以西	2016-05-25	8629	1066	1.2	70年	三级
沂源县城药玻路南首西侧	2016-07-08	3725.92	1584	2.1	70年	三级
沂源县城天津路以北、枣庄路以西	2016-07-27	9700.79	1051	1.3	70年	三级
沂源县城新城路南侧、富源路以东	2016-10-09	9730.5	1449	1.5	70年	三级
沂源县城瑞阳路东侧、人民路南侧	2017-02-27	11920.7	1191	1.1	70年	三级
沂源县城贤山路东侧	2018-01-15	17692.98	1639	1.8	70年	三级
沂源县城新城路北、富源路东	2018-07-02	18366.49	2995	1.9	70年	三级

（续表）

土地坐落	签订日期	土地面积（平方米）	单位地价（元/平方米）	容积率	出让年期	土地级别
沂源县城荆山西路东段南侧、四小东侧	2018-07-02	13288.47	2688	2.1	70年	三级
沂源县城天津路南、螳螂河西路西侧	2016-04-27	24937.05	1071	1.2	70年	四级
沂源县城北京路北侧、建源房产以西	2016-04-27	12336.95	1362	1.8	70年	四级
沂源县城重庆路东侧、天津路南侧	2016-06-22	56190.39	1110	1.4	70年	四级
沂源县城润生路西、人民路北	2017-02-24	13336.48	1297	1.3	70年	四级
沂源县城荆山路南侧、瑞阳制药东厂北侧	2017-04-12	19281.64	985	1.3	70年	四级
沂源县城富源路东、振兴路北侧	2017-06-08	10801.55	1324	1.6	70年	四级
沂源县城新城路以南、祥源路东侧	2017-06-09	3067	1409	1.5	70年	四级
沂源县城人民路以北、瑞阳路东侧	2017-06-09	13334	2445	2.25	70年	四级

（续表）

土地坐落	签订日期	土地面积（平方米）	单位地价（元/平方米）	容积率	出让年期	土地级别
沂源县城螳螂河西路南首西侧	2017-07-23	7118.32	1545	1.7	70年	四级
沂源县城润生路西侧、康源路南侧	2018-05-07	10000	1970	1.5	70年	四级
沂源县城鲁山西路南侧、松山路西侧	2018-07-02	29614.95	2634	1.9	70年	四级
沂源县城贤山路东侧	2018-08-01	13501.03	2111	1.65	70年	四级
沂源县城荆山西路北侧、南麻大街东侧	2018-11-27	41498.69	4362	2.6	70年	四级
沂源县荆山西路北侧、松山路西侧	2018-12-25	7268.7	3628	2.8	70年	四级
沂源县南麻街道办事处北刘家庄村村东、薛馆路以南	2016-07-26	13333	915	1.3	70年	五级

沂源县2016—2018年城区住宅用地土地招、拍、挂案例共31宗，其中，一级住宅用地内1宗、二级住宅用地内6宗、三级住宅用地内9宗、四级住宅用地内14宗、五级住宅用地内1宗，总体来看，级别间案例分布不均且主要集中在二级住宅用

地、三级住宅用地、四级住宅用地内。

对沂源县2016—2018年城区住宅用地土地招、拍、挂案例中地价进行估价期日、容积率、土地开发程度等修正，从而得到与沂源县2019年城区住宅用地基准地价内涵相同的地价，并在进行标准差分析，剔除异常样点后，采用面积加权平均法，计算沂源县2016—2018年城区住宅用地各个级别内土地招、拍、挂案例修正后地价的平均值，同时与沂源县2019年城区住宅用地各个级别基准地价进行比较如表44所示。

表 44　沂源县 2016—2018 年城区住宅用地土地招、拍、挂案例地价与沂源县 2019 年城区住宅用地基准地价对比（单位：元／平方米）

级别	一级	二级	三级	四级	五级
2019年基准地价	2106	1701	1332	987	728
住宅用地土地招、拍、挂案例地价	2306	1886	1430	1409	915
差异	−8.67%	−9.81%	−6.85%	−29.95%	−20.44%

高级别住宅用地招、拍、挂案例地价均值略高于基准地价，四级、五级住宅用地招、拍、挂案例地价均值明显高于基准地价。此现象产生的原因一方面由于住宅用地招、拍、挂案例数量较少，且分布不均匀；另一方面由于低级别招、拍、挂案例主要分布于土地条件较好的区域，而基准地价作为区域平均地价需考虑级别内整体地价水平，故低级别招、拍、挂案例地价与基准地价差距相对较大。

（3）沂源县2019年城区工业用地基准地价与土地供需协调性分析

沂源县2016—2018年城区工业用地土地招、拍、挂案例信息如表45所示。

表45　沂源县2016—2018年城区工业用地土地招、拍、挂案例信息

土地坐落	签订日期	土地面积（平方米）	单位地价（元/平方米）	容积率	出让年期	土地级别
沂源县东高庄村道路东侧、天津路以北	2016-10-09	18527.4	249	1.2	50年	三级
沂源县历山街道办事处薛馆路东段北侧、埠岭南路以西	2017-01-09	38849	309	1.5	50年	三级
沂源县沂河东路（烟台路）北侧、苗山路以东	2017-04-11	6667	255	1.2	50年	三级
沂源县城荆山路东段南侧	2017-11-01	54953.82	255	1	50年	三级
沂源县城荆山路东首南侧、东岭路西侧	2018-03-26	139828	255	1.2	50年	三级
沂源县城振兴路南侧，润生路东侧	2018-03-26	1875	293	1.2	50年	三级

（续表）

土地坐落	签订日期	土地面积（平方米）	单位地价（元/平方米）	容积率	出让年期	土地级别
沂源县经济开发区华山路南、自来水厂西、拓科高分子北	2018-12-27	20081	240	1.2	50年	四级
沂源县经济发区华山路南、汶河路东	2018-12-27	18002	240	1.2	50年	四级
沂源县经济开发区南张良村西北、薛馆路南侧	2018-03-26	54194	228	1.2	50年	四级
沂源经济开发区、荆山路南侧	2018-07-02	45823	228	1.2	50年	四级
沂源经济开发区、荆山路北侧	2018-09-12	4752	253	1.2	50年	四级

沂源县2016—2018年城区工业用地土地招、拍、挂案例共11宗，其中一级住宅用地以及二级住宅用地无成交宗地、三级住宅用地内6宗、四级住宅用地内5宗，总体来看，级别间案例分布不均且主要集中在三级工业用地、四级工业用地内。

对沂源县2016—2018年城区工业用地土地招、拍、挂案例中地价进行估价期日、容积率、土地开发程度等修正，从而得到与沂源县2019年城区工业用地基准地价内涵相同的地价，并在进行标准差分析，剔除异常样点后，采用面积加权平均法，计算沂源县2016—2018年城区工业用地各个级别内土地招、拍、挂案例修正后地价的平均值，同时与沂源县2019年城区工业用地各个级别基准地价进行比较如表46所示。

表 46　沂源县 2016—2018 年城区工业用地土地招、拍、挂案例地价与沂源县 2019 年城区工业用地基准地价对比（单位：元 / 平方米）

级别	一级	二级	三级	四级
2019年基准地价	385	300	255	225
工业用地土地招、拍、挂案例地价	—	—	272	239
差异	—	—	−6.25%	−5.86%

一级、二级工业用地没有招、拍、挂案例，三级、四级工业用地招、拍、挂案例地价与基准地价差异较小，三级、四级工业用地招、拍、挂案例地价均值略高于基准地价。

8. 沂源县2019年城区土地基准地价与房地产市场协调性分析

主要分析沂源县2019年城区商业用地、住宅用地基准地价与房地产市场协调性，采用各级别楼面地价占该级别商业房销售均价的比例，建立商业用地与房价的关系如表47所示，采用各级别楼面地价占该级别商品房销售均价的比例，建立住宅用地与房价的关系如表48所示。

表47 沂源县城区商业用地楼面地价与商业房销售均价对比（单位: 元 / 平方米）

级别	一级	二级	三级	四级	五级
2019年基准地价	2040	1650	1287	942	686
楼面地价	1275	1031	804	589	429
商业房销售均价	6500	5500	4800	4200	3800
楼面地价与商业房销售均价比例	19.62%	18.75%	16.75%	14.02%	11.29%

表48 沂源县城区住宅用地楼面地价与商品房销售均价对比（单位: 元 / 平方米）

级别	一级	二级	三级	四级	五级
2019年基准地价	2106	1701	1332	987	728
楼面地价	1404	1134	888	658	485
商品房销售均价	7000	6000	5000	4500	4000
楼面地价与商品房销售均价比例	20.06%	18.90%	17.76%	14.62%	12.13%

一级、二级、三级、四级、五级商业用地楼面地价占相应级别商业房销售均价比例在11.29%—19.62%之间，一级、二级、三级、四级、五级住宅用地楼面地价占相应级别商品房销售均价比例在11.29%—20.06%之间，总体来看，商业用地、住宅用地各个级别楼面地价占相应级别房屋销售均价比例整体随级别的降低而降低。此现象产生的原因为在一级、二级商业用地、住宅用地范围内，城市基础设施配套程度高、环境好、人口密集，房屋需求量相应增大，在建安成本相对稳定、税费标准一致的情况下，土地招、拍、挂出让的价格越高，楼面地价在房屋销售均价中所占的比例就相对越高。

9. 沂源县2019年城区土地基准地价与城市经济协调性分析

沂源县城区土地近几年基准地价上升的原因一方面由于城区土地本身市场价值的还原；另一方面由于城区社会经济发展与城区建设。沂源县2018年与2015 年部分经济指标变化情况如表49所示，沂源县2016—2018年部分经济指标如表50所示。

表 49　沂源县 2015 年与 2018 年部分经济指标对比

指标名称	2018年指标值（亿元）	2015年指标值（亿元）	上涨幅度（%）
地区生产总值	320.8	248.68	29.00
公共财政预算收入	21.41	18.36	16.61
固定资产投资	232.1	191.2	21.39
社会消费品零售总额	143.61	136.7	5.05
金融机构存款余额	263.34	210.8	24.92
金融机构贷款余额	190.81	137.5	38.77

与2015年相比，沂源县部分经济指标有大幅提高，涨幅均在20%以上，表明沂源县近几年来经济发展稳定，同时城区基础设施的进一步改善、城市化进程的加快，使沂源县城区土地质量整体提高，带动了全县房地产市场的稳定发展，高档商业、住宅的需求人群渐渐增多，价格上涨。

表 50　沂源县 2016—2018 年部分经济指标（单位：亿元）

年份	GDP	公共财政预算收入	固定资产投资	社会消费品零售额	金融机构存款余额	金融机构贷款余额
2016年	265.8	19.14	212.29	148.44	228.03	152.94
2017年	295.2	20	213.1	164.05	250.04	175.26
2018年	320.8	21.41	232.1	143.61	263.34	190.81

沂源县2016—2018年整体经济处于稳定增长状态，由此可见，沂源城区土地级别、基准地价变动情况与社会经济发展基本保持相对协调的发展轨迹。

10. 沂源县2019年城区工业用地基准地价水平与出让最低限价标准分析

根据《关于调整部分地区土地等别的通知》（国土资发[2008] 308号）以及《关于调整工业用地出让最低价标准实施政策的通知》（国土资发[2009] 56号）规定，沂源县被定义为为全国十三等城市，工业用地最低基准地价标准为96元/平方米，沂源县2019年城区四级工业用地基准地价为225元/平方米，高于工业用地出让最低标准。

综上所述，沂源县2019年城区基准地价是在综合考虑更新周期内沂源县社会经济发展状况、土地市场状况、房地产市场状况的基础上；同时结合城区基准地价动态监测工作，经合理预期预测确定，预测结果较为合理，在沂源县社会经济社会发展状况、土地市场、房地产市场状况不发生较大变动的情况下，能够反应沂源县未来三年内的基准地价分布规律。

第四章 结 论

对县级城市土地进行定级与基准地价评估是政府掌握区域城市土地市场基本状况的一种重要手段，评估数据的呈现可为政府调控县级城市土地市场提供最直观的基础依据。本研究聚焦县级城市土地定级与基准地价评估，详细阐述了县级城市土地定级评估、基准地价评估技术方法流程，并以沂源县2019年城区土地定级与基准地价评估为例进行实证分析。研究结论如下：

（1）县级城市土地定级评估流程主要包括：构建县级城市商业用地、住宅用地、工业用地定级评估因素体系；确定县级城市商业用地、住宅用地、工业用地定级评估各项因素权重；选择适宜量化方法，得出县级城市商业用地、住宅用地、工业用地定级评估各项因素的作用分值；确定县级城市土地定级评估单元；划分县级城市商业用地、住宅用地、工业用地级别等。

（2）县级城市土地基准地价评估流程主要包括：县级城市商业用地、住宅用地、工业用地基准地价评估内涵界定；县级城市商业用地、住宅用地、工业用地基准地价评估资料调查与整理；县级城市商业用地、住宅用地、工业用地市场交易样点基准地价评估；县级城市商业用地、住宅用地、工业用地基准地价评估参数确定；县级城市商业用地、住宅用地、工业用地基准地价确定与分析等。

（3）沂源县2019年城区商业用地定级评估结果为五个级别，定级评估单元总分值分界点为77、64、47、32，一级、二级、三级、四级、五级商业用地面积所占比例分别为2.09%、9.30%、23.43%、29.55%、35.63%。沂源县2019年城区住宅用地定级评估结果为五个级别，定级评估单元总分值分界点为87、73、55、43，一级、二级、三级、四级、五级住宅用地面积所占比例分别为3.62%、18.37%、20.41%、29.39%、28.20%。沂源县2019年城区工业用地定级评估结果为四个级别，定级评估单元总分值分界点为75、69、60，一级、二级、三级、四级工业用地面积所占比例分别为1.87%、7.25%、43.21%、47.67%。

（4）沂源县2019年城区一级、二级、三级、四级、五级商业用地基准地价分别为2040元/平方米、1650元/平方米、1287元/平方米、942元/平方米、686元/平方米。沂源县2019年城区一级、二级、三级、四级、五级住宅用地基准地价分别为2106元/平方米、1701元/平方米、1332元/平方米、987元/平方米、728元/平方米。沂源县2019年城区一级、二级、三级、四级工业用地基准地价分别为385元/平方米、300元/平方米、255元/平方米、225元/平方米。

参 考 文 献

[1] 胡金勇．基于镶嵌理论的县级土地空间规划研究——以湖南宁乡县为例 [D]．长沙：湖南师范大学，2016.

[2] 张钰．生态共同体视域下河西走廊生态治理研究 [D]．西安：陕西师范大学，2018.

[3] 孙卫东．区域国土资源复合系统可持续发展的系统研究 [D]．天津：天津大学，2002.

[4] 万齐锦．察布查尔锡伯自治县城区土地定级与基准地价更新研究 [D]．乌鲁木齐：新疆大学，2016.

[5] 范树平．产业结构优化与土地利用效益提升的共生关系研究 [D]．南京：南京农业大学，2018.

[6] 田富有．基于地理大数据的水土资源开发利用与全球贫困关联分析 [D]．北京：中国科学院大学（中国科学院空天信息创新研究院），2021.

[7] 李娟．城市土地市场发育及其对房地产市场的影响研究——以南京为例 [D]．南京：南京农业大学，2007.

[8] 付志杰．河南省城市土地市场成熟度评价研究 [D]．焦作：河南理工大学，2015.

[9] 康俊．湖南省城市土地市场供给侧结构性改革研究 [D]．长沙：湖南大学，2018.

[10] 李立坤．白银区土地定级与基准地价更新研究 [D]．西安：西安科技大学，2017.

[11] 陈诚 . 瑞昌市城区土地定级与基准地价变化研究 [D]. 南昌：江西农业大学，2018.

[12] 王玉婷 . 土地定级估价方法研究与系统实现 [D]. 西安：西安科技大学，2015.

[13] 万齐锦 . 察布查尔锡伯自治县城区土地定级与基准地价更新研究[D]. 乌鲁木齐：新疆大学，2016.

[14] 廉玮歆 . 辰溪县城区土地定级与基准地价变化研究 [D]. 长沙：中南林业科技大学，2020.

[15] 詹海斌 . 长江三角洲区域城市土地市场一体化研究 [D]. 南京：南京农业大学，2011.

[16] 杨庆媛 . 中国城镇土地市场发展问题研究 [D]. 重庆：西南农业大7学，2001.

[17] 徐金礼 . 我国城市化进程中的城市土地政策研究 [D]. 武汉：华中科技大学，2006.

[18] 毕忠德 . 长春市城市基准地价演变过程与机制研究 [D]. 长春：东北师范大学，2011.

[19] 徐慧 . 城镇土地估价中土地纯收益的研究 [D]. 南京：南京师范大学，2006.

[20] 丁希杰 . 城镇土地级别及基准地价实时更新的研究——甘肃省白银市靖远县为例 [D]. 西安：西安科技大学，2009.

[21] 彭娜 . 城市地价动态监测系统的构建与研究——以萍乡市为例 [D].南京：南京农业大学，2009.

[22] 丁红梅 . 基于 GIS 技术的土地定级与基准地价更新研究 [D]. 昆明：昆明理工大学，2014.

[23] 张小武 . 基于房地产价格空间分布关系的土地定级方法研究——以沈阳市为例 [D]. 北京：中国农业大学，2006.

[24] 朱文珺 . 城镇土地以价定级法的理论与实证研究 [D]. 南京：南京农

业大学，2008.

[25] 王婧 . 土地价格估算方法的比较研究 [D]. 上海：复旦大学，2012.

[26] 刘艳 . 土地价值评估案例——天津 XX 集团有限公司拥有的两种不同用途下的国有土地使用权现行市场价格评估 [D]. 天津：天津商业大学，2013.

[27] 易嗣鑫 . 基于 K- 均值聚类法城镇土地定级和基准地价更新研究 [D]. 长沙：湖南农业大学，2012.

[28] 高练 . 基于 Kriging 空间插值法的赤壁市城区基准地价评估研究 [D]. 武汉：华中师范大学，2009.

[29] 刘科问 . Kriging 技术在城市商业用地基准地价级别更新中的应用研究——以商丘市为例 [D]. 郑州：河南农业大学，2013.

[30] 唐淑芬 . 基于 Kriging 空间插值法永修县城区住宅用地基准地价更新方法研究 [D]. 南昌：江西农业大学，2016.

[31] 马宇翔 . 基于 Kriging 空间插值法的保康县城区住宅用地基准地价评估研究 [D]. 南昌：江西农业大学，2019.

[32] 张士征 . 城镇商业用地评估中容积率修正系数研究 [D]. 泰安：山东农业大学，2007.

[33] 于洪明 . 城镇土地定级估价研究 [D]. 沈阳：东北农业大学，2000.

[34] 伊力奇 . 城乡统一的建设用地基准地价体系研究 [D]. 呼和浩特：内蒙古师范大学，2017.

[35] 郭海燕 . 城市新兴开发区土地定级与基准地价评估的研究——以广州市开发区为例 [D]. 武汉：武汉大学，2004.

[36] 井元霞 . 农安县基准地价更新方法及其动态发展研究 [D]. 长春：吉林大学，2007.

[37] 乔云 . 基于 GIS 的城镇土地定级与基准地价更新研究 [D]. 呼和浩特：内蒙古师范大学，2008.

[38] 张秋林 . 城镇土地级别与基准地价更新调整研究——以新郑市城

区为例 [D]. 郑州：河南农业大学，2009.

[39] 李苗. 城镇公共管理与公共服务用地定级与基准地价评估研究——以南部县城区为例 [D]. 成都：四川师范大学，2019.

[40] 彭婕. 基于大数据的仙桃市城区住宅用地土地定级研究 [D]. 武汉：湖北大学，2020.

[41] 赵硕. 小城镇土地定级方法修定研究 [D]. 长春：东北师范大学，2015.

[42] 师繁伟. 杜尔伯特城镇基准地价体系研究 [D]. 哈尔滨：东北农业大学，2004.

[43] 谢妍. 以市场地价为导向的城镇土地基准地价评估应用研究 [D]. 昆明：昆明理工大学，2016.

[44] 朱小平. 国家土地所有权的行使 [D]. 重庆：西南政法大学，2015.

[45] 张翔. 马克思恩格斯土地思想及其中国化研究 [D]. 北京：中央财经大学，2020.

[46] 何虹. 城市地价高涨及地价稳定措施研究 [D]. 上海：华东师范大学，2006.

[47] 邓元东. 地租地价对中国城市房价的影响——来自成都市的经验证据 [D]. 南充：西华师范大学，2019.

[48] 姚敏. 我国城镇土地定级与基准地价评估研究 [D]. 成都：四川师范大学，2001.

[49] 范黎. 区域城镇土地分等的理论与实证研究——以江苏省为例 [D]. 南京：南京农业大学，2004.

[50] 罗世鹏. 银川市土地定级评价的实证研究 [D]. 西安：西北工业大学，2007.

[51] 李成刚. 城市土地价格及其评估问题研究 [D]. 重庆：重庆大学，2004.

[52] 张秋玲. 城镇土地级别与基准地价更新调整研究——以新郑市为

例 [D]. 郑州：河南农业大学，2009.

[53] 陈露露. 土地估价中市场比较方法的改进研究 [D]. 北京：北京交通大学，2011.

[54] 刘雅雯. 基于资本资产定价模型（CAPM）对收益法中还原率确定方法的改进研究 [D]. 重庆：重庆理工大学，2022.

[55] 涂小松，濮励杰. 土地资源开发利用的生态自然观刍议 [J]. 生态经济，2008，（6）.

[56] 孟美侠，曹希广，商玉萍，等. 全球城市提升土地资源开发利用效能研究 [J]. 全球城市研究（中英文），2021，2（2）.

[57] 罗静，曾菊新. 城市化进程中的土地稀缺性与政府管制 [J]. 中国土地科学，2004，（5）.

[58] 单玉红，王关提. 城市土地价格与稀缺度的关系及其霍特林法则验证 [J]. 城市问题，2017，（2）.

[59] 欧阳平，秦静. 我国土地资源资产管理主要问题及机制创新 [J]. 中国国土资源经济，2010，23（6）.

[60] 陈晓君. 土地资产化与农民财产性收入的关联性分析 [J]. 新疆财经大学学报，2012，（1）.

[61] 窦钦昊. 土地市场存在的问题及解决对策 [J]. 价值工程，2017，36（19）.

[62] 中国土地政策综合改革课题组，李剑阁，蒋省三，等. 强化中国城乡土地权利：整体性法律框架与政策设计 [J]. 改革，2008，（3）.

[63] 李尚蒲，罗必良. 中国城乡土地市场化：估算与比较 [J]. 南方经济，2016，（4）.

[64] 高帆. 中国城乡土地制度演变：内在机理与趋向研判 [J]. 社会科学战线，2020，（12）.

[65] 钱忠好. 农村土地承包经营权产权残缺与市场流转困境：理论与政策分析 [J]. 管理世界，2002，（6）.

[66] 吴元波 . 试探中国农村土地市场流转的"囚徒困境"[J]. 科学·经济·社会，2007，（1）.

[67] 覃美英，程启智 . 农村土地使用权流转市场困境的成因探析 [J]. 农业经济，2007，（7）.

[68] 王紫东 . 我国农村土地流转困境研究综述 [J]. 中国集体经济，2009，（13）.

[69] 田静婷 . 中国农村土地流转的困境与对策——基于制度经济学的视角分析 [J]. 经济问题，2009，（10）.

[70] 彭新万 . 农民土地财产权的现实困境与市场化实现——基于"私有"产权视角 [J]. 学习与探索，2014，（12）.

[71] 陈寒冰 . 农村集体经营性建设用地入市：进展、困境与破解路径 [J]. 现代经济探讨，2019，（7）.

[72] 李娟，吴群，刘红，等 . 城市土地市场成熟度及评价指标体系研究——以南京市为例 [J]. 资源科学，2007，（4）.

[73] 郑玉明 . 统筹城乡社会经济协调发展必须加快城市化进程 [J]. 农村经济，2004，（10）.

[74] 董文柱 . 中国的城市化：进展、问题与对策 [J]. 学术探索，2005，（4）.

[75] 黄木易，程志光 . 区域城市化与社会经济耦合协调发展度的时空特征分析——以安徽省为例 [J]. 经济地理，2012，32（2）.

[76] 杨钢桥 . 试论城市土地供需平衡 [J]. 中国土地科学，1998，（4）.

[77] 程洁如 . 梅州市城市化发展与土地利用研究 [J]. 经济地理，2009，29（10）.

[78] 丁瑜 . 论我国城市土地利用结构存在的问题与优化对策 [J]. 法制与社会，2009，（8）.

[79] 李培祥 . 城市土地利用结构转换与产业结构演变关系分析——以广东城市为例 [J]. 资源与产业，2010，12（2）.

[80] 李金宸. 城市化与城市土地利用结构的相关研究 [J]. 农村经济与科技，2017，28（4）.

[81] 陈江龙，曲福田. 土地储备与城市土地市场运行 [J]. 现代经济探讨，2002，（4）：28—31.

[82] 陈韦，熊向宁，王芳，等. 兼顾城市规划因素的城镇土地定级技术路线探讨——以武汉市商业用地定级为例 [J]. 中国土地科学，2015，29（1）.

[83] 云彤. 基于特尔菲法的城镇土地定级与基准地价更新调整研究——以五原县城区为例 [J]. 内蒙古大学学报（自然科学版），2019，50（3）：280—286.

[84] 郑润梅，路小仓. 城市土地分等定级有关问题探讨——太原市城市土地价格调查的思考 [J]. 中国土地科学，2004，（4）.

[85] 毛良祥，许书平，范黎. 城镇土地分等研究的进展及问题 [J]. 中国国土资源经济，2006，（3）.

[86] 王汉花. 城市土地资源可持续利用评价及其障碍诊断——以武汉为例 [J]. 湖北大学学报（自然科学版），2006，（4）.

[87] 刘彦随，杨子生. 我国土地资源学研究新进展及其展望 [J]. 自然资源学报，2008，（2）.

[88] 林坚，张叶笑，周琳，等. 土地利用学 30 年发展综述——兼论土地利用学的二级学科可能性和中国土地利用研究的原创性 [J]. 中国土地科学，2017，31（10）.

[89] 张忠国，高军. 从经济效益和生态效益来探索城市土地利用的合理模式 [J]. 中国人口·资源与环境，2004，（2）.

[90] 焦叶芬. 重庆市城市土地经济效益评价研究 [J]. 重庆师范大学学报（自然科学版），2006，（1）.

[91] 佟香宁，杨钢桥，李美艳. 城市土地利用效益综合评价指标体系与评价方法——以武汉市为例 [J]. 华中农业大学学报（社会科学

版），2006，（4）.

[92] 宋戈，高楠. 基于 DEA 方法的城市土地利用经济效益分析——以哈尔滨市为例 [J]. 地理科学，2008，（2）.

[93] 尚勇敏，何多兴，杨雯婷，等. 成渝城市土地利用综合效益评价 [J]. 西南师范大学学报（自然科学版），2011，36（4）.

[94] 张淑娟，刘艳芳. 城市土地使用权招标出让的博弈分析 [J]. 武汉大学学报（信息科学版），2005，（11）.

[95] 郗磊. 城市土地估价中地价内涵分析——兼议改制企业土地评估 [J]. 中国房地产，2012，（11）.

[96] 杨宏山，周昕宇. 政策试验的议题属性与知识生产——基于城市土地使用权改革的案例分析 [J]. 管理世界，2022，38（4）.

[97] 袁小明，张永吉. 城市土地收益及其分配 [J]. 中共太原市委党校学报，2000，（2）.

[98] 张利，张希黔，范卿泽，等. 对城市中政府土地收益的认识与思考 [J]. 重庆建筑大学学报，2002，（2）.

[99] 李金波. 浅谈我国城市土地收益的分配 [J]. 现代经济信息，2010，（6）.

[100] 张媛. 我国城市土地收益分配的问题及改革思路 [J]. 当代经济，2012，（17）.

[101] 田惠君. 国有资产流失的现状与对策 [J]. 辽宁税务高等专科学校学报，2005，（4）.

[102] 张所地，李怀祖. 城市土地定级估价综合模型研究 [J]. 中国土地科学，1998，（5）.

[103] 姜安源，马修军，魏黎，等. 城市土地级别划分的方法研究——以北京城市土地定级为例 [J]. 地域研究与开发，2002，（2）.

[104] 姜栋. 城市土地价格调查与地价动态监测体系建设 [J]. 中国土地科学，2002，（3）.

[105] 刘卫东. 新时期城市基准地价更新与应用问题研究 [J]. 经济地理,
2003,（2）.

[106] 马巨革, 张晓岭. 科学评估 准确定价——太原市城市基准地价更
新的主要做法 [J]. 中国土地, 2003,（4）.

[107] 梁彦庆, 葛京凤, 黄志英. 城市土地价格研究与探索——以石家
庄市为例 [J]. 中国房地产, 2003,（7）.

[108] 陈阳. 城市土地定级和基准地价更新的意义及成果应用 [J]. 国土
资源, 2005,（6）.

[109] 高中贵, 彭补拙. 我国农用地分等定级研究综述 [J]. 经济地理,
2004, 46（4）.

[110] 张一平. 地租·公粮·农业税——建国初期苏南地区农产品分配
关系的重构 [J]. 中国农史, 2009, 28（4）.

[111] 孙博, 李淑杰, 黄烁秋, 等. 基于 ArcGIS 的珲春市城区土地定级
研究 [J]. 东北师大学报（自然科学版）, 2017, 49（2）.

[112] 岳杰. 浅析国内外土地估价研究进展 [J]. 邢台学院学报, 2008,
23（2）.

[113] 崔宇. 集体建设用地定级估价核心技术问题探讨 [J]. 中国土地科
学, 2013, 27（2）.

[114] 杨建锋, 马军成, 杨建波, 等. 集体建设用地土地级别评定探
讨——以新野县为例 [J]. 中国农业资源与区划, 2013, 34（6）.

[115] 何江华. 城镇化进程中县级地价评估体系建立研究 [J]. 改革与战
略, 2015, 31（4）.

[116] 牛德利, 李磊, 周洪. 国有土地定级因素因子体系创新研究——
以重庆市主城住宅用地为例 [J]. 西南师范大学学报（自然科学版）,
2016, 41（1）.

[117] 刘金平, 张绍良, 郝敬良, 等. 城镇地价内涵及 "1+1" 模式 [J].
中国矿业大学学报, 2001, 30（2）.

[118] 欧阳安蛟，葛昂扬．城镇基准地价及"基准条件"界定研究 [J].
浙江大学学报（理学版），2002，29（5）．

[119] 王海军，黄锦东．城镇土地"以价定地"方法研究 [J]. 国土资源
科技管理，2006，23（1）．

[120] 周瑞平，赵明，张裕凤．呼和浩特市征地区片综合地价研究 [J].
北方经济，2010，（7）．

[121] 万齐锦，安放舟．城镇土地定级与基准地价更新调整研究——以
察布查尔锡伯自治县为例 [J]. 安徽农业科学，2016，44（12）．

[122] 乔立新，徐利淼，戴学来，等．级差收益测算法的研究——以天
津蓟县为例 [J]. 地理学报，1997，52（6）．

[123] 张所地，李怀祖．城市土地定级估价综合模型研究 [J]. 中国土地
科学，1998，（5）．

[124] 陈志钢．初探泰森多边形在基准地价评估中的应用 [J]. 房地产评
估，2001，（7）．

[125] 郭岚．韩城市城镇商业用地估价方法的研究 [J]. 西北农林科技大
学学报（自然科学版），2003，（S1）．

[126] 王瑷玲，夏艳玲，刘玲玲．小城镇基准地价评估初步研究 [J]. 山
东农业大学学报（自然科学版），2003，34（4）．

[127] 王海军，张德礼．基于空间聚类的城镇土地定级方法研究 [J]. 武
汉大学学报（信息科学版），2006，（7）．

[128] 毕晗，李鹏．城市规划定级方法初步探讨 [J]. 内蒙古科技与经济，
2010，（2）．

[129] 陈芳，杨叶，姚德波，等．城乡融合背景下建设用地基准地价评
估体系构建——以常州市武进区礼嘉镇为例 [J]. 国土资源情报，
2019，（11）．

[130] 周瑞平．呼和浩特市城市商业用地基准地价的确定 [J]. 内蒙古师
范大学学报（自然科学汉文版），2004，33（1）．

[131] 袁弘，朱道林，耿春华．由临街地价推算区片价的方法探讨 [J]．经济地理，2004，24（2）．

[132] 田崇新，黄克龙，张丽，等．基于地价动态监测体系的基准地价更新研究——以南京市为例 [J]．国土资源科技管理，2005，23（2）．

[133] 柴强．土地估价方法研讨 [J]．中国土地科学，1991，5（3）．

[134] 张裕凤，苏根成，王秀兰．收益还原法和路线价估价法在乌兰花镇土地估价中的应用 [J]．内蒙古师大学报（自然科学汉文版），1996，（4）．

[135] 郭爱请，葛京凤，梁彦庆．城乡结合部土地估价探讨——以石家庄市为例 [J]．资源科学，2004，（1）．

[136] 高邦怀，高帮胜，李扣芹，等．浅谈收益还原法在土地估价实践中的应用 [J]．科技经济市场，2008，（4）．

[137] 高帮胜，李扣芹，高邦怀，等．常用的几种土地估价方法的应用比较 [J]．科技资讯，2008，（16）．

[138] 王筑．收益还原法在土地估价中的应用 [J]．贵阳学院学报（自然科学版），2010，5（1）．

[139] 范英莉．浅议土地估价原则对各评估方法的适用性 [J]．黑龙江科技信息，2016，（32）．

[140] 周建春．成本逼近法如何评估地价 [J]．中国土地，2002，（10）．

[141] 单胜道．成本逼近法及其在农地评估中的应用 [J]．资源科学，2002，（6）．

[142] 娄俊启．出让国有土地使用权中成本逼近法测算地价应用探讨 [J]．吉林农业，2014，（12）．

[143] 杨瑞星．成本逼近法评估土地价格应用理论与分析 [J]．陕西农业科学，2016，62（2）．

[144] 李菁，胡碧霞，郭元武．中小城市土地价值评估研究——以湖北省咸宁市为例 [J]．中国房地产，2017，（24）．

[145] 韩广宏. 城市地籍管理中土地估价方法探讨 [J]. 科协论坛（下半月），2008，（8）.

[146] 孙军同. 土地剩余法估价中现金流量法与传统方法浅析 [J]. 河北企业，2009，（10）.

[147] 廖凤. 土地估价的几种基本方法的探析 [J]. 山东纺织经济，2013，（1）.

[148] 潘秀琼. 城市地籍管理中土地估价方法探讨 [J]. 科技风，2019，（17）.

[149] 周维纾，朱兰新. 路线价估价法在我国土地估价中的应用 [J]. 中国土地科学，1992，6（5）.

[150] 刁红军. 我国现行城镇土地估价技术途径及方法体系研究 [J]. 铁道师院学报，1996，（2）.

[151] 杨力. 城市土地估价中两类路线价法的比较研究 [J]. 商学论坛. 广东商学院学报，1997，（1）.

[152] 贾士军. 路线价估价法评析 [J]. 华南建设学院西院学报，1998，（2）.

[153] 夏建国，赵顺权，王永东，等. 小城镇土地估价的问题探讨 [J]. 四川农业大学学报，2000，（4）.

[154] 姚继兰，聂宜民，张海燕，等. 小城镇基准地价更新方法研究 [J]. 西南农业大学学报（自然科学版），2006，（2）.

[155] 敬松. 基准地价修正系数土地估价方法若干问题新探 [J]. 重庆工业管理学院学报，1997，（3）.

[156] 王晓明. 基准地价修正法应注意的几个问题 [J]. 企业家天地，2006，（9）.

[157] 郑智华. 基于基准地价系数修正法的城镇土地估价系统实现 [J]. 测绘与空间地理信息，2007，（1）.

[158] 徐伟. 土地估价中基准地价系数修正法中容积率的确定 [J]. 现代

商业，2008，（18）.

[159] 李谢昕. 城镇基准地价系数修正法应用中存在的问题及其完善建议 [J]. 国土资源，2013，（5）.

[160] 蒋雪松. 浅议土地估价原则对各评估方法的适用性 [J]. 现代经济信息，2014，（19）.

[161] 张自强，王小玲. 对基准地价系数修正法评估的思考 [J]. 住宅与房地产，2020，（6）.

[162] 刘幼慈，詹诗华，余国培，等. 我国城市地价评估模型及其空间分布规律研究 [J]. 中国人口·资源与环境，1998，（1）.

[163] 刘宇辉，辛玉东. 回归分析在土地估价中的应用 [J]. 石家庄经济学院学报，2002，（2）.

[164] 杜国明. 回归分析在城镇土地定级估价中的应用 [J]. 内蒙古师范大学学报（自然科学汉文版），2003，（3）.

[165] 黄萌，方志民. 城镇地价的空间相关性研究 [J]. 测绘科学，2008，（4）.

[166] 苑韶峰，吕军. 利用人工神经网络进行国有土地价格评估的探讨 [J]. 上海交通大学学报（农业科学版），2004，22（2）.

[167] 吴迪军，刘耀林，黄全义. 城镇基准地价评估的人工神经网络模型研究 [J]. 测绘科学技术学报，2007，（4）.

[168] 王满银，肖瑛，汪应宏，等. 中国基准地价评估近 10 年研究进展 [J]. 华中农业大学学报（社会科学版），2011，（6）.

[169] 王华，李雯雯，牛继强，等. 基于人工神经网络的模糊宗地地价评估模型研究 [J]. 信阳师范学院学报（自然科学版），2020，33（1）.

[170] 李信儒，马超群，李昌军. 基于 Hedonic 价格模型的城镇基准地价研究 [J]. 系统工程，2005，（12）.

[171] 张丽芳，濮励杰，张静，等. 基于 Hedonic 模型的城市地价空间结构分析——以湖南省娄底市为例 [J]. 经济地理，2009，29（9）.

[172] 朱传广，唐焱，吴群 . 基于 Hedonic 模型的城市住宅地价影响因素研究——以南京市为例 [J]. 地域研究与开发，2014，33（3）.

[173] 梁彦庆，辛静梅，史思琪，等 . 基于 ESDA 和 Hedonic 模型的城市住宅地价空间分异研究——以石家庄市为例 [J]. 西南师范大学学报（自然科学版），2018，43（12）.

[174] 张绍良，刘金平，马昌忠 . 城镇土地级别划分的两个实用数学模型 [J]. 中国土地科学，2000，（1）.

[175] 江立武，赵小敏，张宁珍 . 提高宗地估价模型评估精度的应用研究 [J]. 江西农业大学学报（社会科学版），2002，（4）.

[176] 陈湄，付梅臣，陈忠民 . 城镇土地定级估价更新成果应用探讨——以河北省青县为例 [J]. 安徽农业科学，2008，25（23）.

[177] 韩志刚，秦奋，杨建锋，等 . 基于 MAPGIS 的城镇土地定级估价信息系统设计与实现 [J]. 测绘科学，2010，35（5）.

[178] 王占岐，杨俊，余强 . 小城镇群基准地价评估研究 [J]. 中国土地科学，2014，28（8）.

[179] 李玉华，高明，许汀汀，等 . 基于 Arc Engine 的城镇土地定级估价信息系统设计与实现 [J]. 中国土地科学，2015，29（1）.

[180] 赵理尘，姜杰 . 国外城市土地利用制度及其对我们的启示 [J]. 法学论坛，2003，（2）.

[181] 刘鑫 . 国外城市土地价格的调节与管理 [J]. 中国房地产金融，2006，3（2）.

[182] 林目轩 . 多目标城市土地定级估价与城市最佳地域结构研究 [J]. 中国土地科学，1993，7（5）.

[183] 杨钢桥 . 对基准地价评估理论的探析 [J]. 价格理论与实践，1996，（8）.

[184] 陈改英，田涛，王怀 . 中国城市土地资产总量测算方法研究 [J]. 城市发展研究，2004，（4）.

[185] 杜国明，张裕凤，张树文. 城市土地等价线图研究——以呼和浩特市为例 [J]. 中国科学院研究生院学报，2005，22（6）.

[186] 彭建超，吴群，钱畅. 城镇住宅用地基准地价的地质灾害影响及修正系数研究——以兰州市为例 [J]. 中国土地科学，2016，30（9）.

[187] 徐阳，苏兵. 区位理论的发展沿袭与应用 [J]. 商业时代，2012，（33）.

[188] 张中华，万博文. 基于微区位理论的城市文创园区布局策略研究——以西安为例 [J]. 现代城市研究，2020，（9）.

[189] 李争，郭丽兰，杨俊，等. 基于区位理论的矿业乡村产业空间优化研究 [J]. 资源开发与市场，2021，37（1）.

[190] 陈福军. 我国城市土地宏观级差效益浅析 [J]. 中国土地科学，2002，（2）.

[191] 陈春，邱道持，陶世祥. 城市土地使用权出让金级差分布探讨——以重庆市为例 [J]. 西南师范大学学报（自然科学版），2003，（6）.

[192] 王慧珍，时维阔. 我国土地定级的基本发展情况 [J]. 内蒙古煤炭经济，2010，（3）.

[193] 詹晨晖. 马克思主义土地逻辑总结与应用——以住宅建设用地使用权为例 [J]. 理论月刊，2017，16（5）.

[194] 田先红，陈玲. 地租怎样确定？——土地流转价格形成机制的社会学分析 [J]. 中国农村观察，2013，（6）.

[195] 陈若芳，李碧珍. 我国城市宏观级差地租区域分化及影响因素研究——基于 2007-2016 年面板数据的实证分析 [J]. 福州党校学报，2018，（6）.

[196] 刘书楷. 马克思劳动价值观与西方非劳动价值观土地价值与价格理论 [J]. 中国土地科学，1995，（6）.

[197] 段正梁，张维然，叶振飞. 论土地价值的内涵、来源及其特殊性

[J]. 同济大学学报（社会科学版），2004，（1）.

[198] 鄢彬华. 土地资源·土地资本·土地价格 [J]. 价格月刊，2006，
（3）.

[199] 董黎明. 中国城市土地有偿使用的地域差异及分等研究 [J]. 现代
城市研究，1996，（3）.

[200] 刘诗白. 中国城市地价的科学探索 [J]. 中国社会科学，1999，（6）.

[201] 梁彦庆，王松涛，黄志英，等. 我国城市地价分形特征及区域对
比 [J]. 地理与地理信息科学，2015，31（6）.

[202] 蔡运龙. 论土地的供给与需求 [J]. 中国土地科学，1990，4（2）.

[203] 曲颖奇，李淑荣，冯红霞. 谈基于土地经济供给的城镇土地利用
潜力挖掘 [J]. 现代经济信息，2011，（9）.

[204] 刘修岩，杜聪，李松林. 自然地理约束、土地利用规制与中国住
房供给弹性 [J]. 经济研究，2019，54（4）.

[205] 赵珂，林逸凡. 土地覆盖资源供给与土地利用需求均衡：市县国
土空间开发适宜性评价的自然经济学逻辑 [J]. 西部人居环境学刊，
2020，35（1）.

[206] 陈莹，谭术魁，张安录. 基于供需理论的土地征收补偿研究——
以湖北省为例 [J]. 经济地理，2010，30（2）.

[207] 徐唐奇，鞠登平，张安录. "两型社会"建设中的土地需求调控政
策研究 [J]. 经济地理，2010，30（9）.

[208] 徐慧，刘正，徐朱. 小城镇基准地价评估问题研究——以武进区
城镇土地分等定级与基准地价更新为例 [J]. 中国土地，2006，（10）.

[209] 李仲篪. 特尔斐预测法简介 [J]. 系统工程理论与实践，1985，（1）.

[210] 朱长超. 特尔斐法 [J]. 社会科学，1986，（5）.

[211] 陈玉祥，朱东华. 特尔斐法的应用研究 [J]. 未来与发展，1990，（5）.

[212] 冯文权. 预测·头脑风暴法·特尔斐法 [J]. 科学决策，1997，（2）.

[213] 郭明杰，魏然，王进. 特尔斐法简介 [J]. 经营管理者，1999，（6）.

[214] 王秋萍，张道宏，李萍. 主成分分析法与层次分析法排序公式的研究 [J]. 西安理工大学学报，2005，（4）.

[215] 李春平，杨益民，葛莹玉. 主成分分析法和层次分析法在对综合指标进行定量评价中的比较 [J]. 南京财经大学学报，2005，（6）.

[216] 孙铭忆. 层次分析法（AHP）与网络层次分析法（ANP）的比较 [J]. 中外企业家，2014，（10）.

[217] 徐其春，张乃夫，葛磊蛟，等. 基于二项系数和变异系数混合的电网投资决策评价计算方法 [J]. 中国测试，2021，47（12）.

[218] 邵球军，李志民，李岭. 熵权模糊积分混合多目标决策方法研究 [J]. 统计与决策，2008，（22）.

[219] 程启月. 评测指标权重确定的结构熵权法 [J]. 系统工程理论与实践，2010，30（7）.

[220] 于恒兰. 综合评价的多元分析方法——主成分分析法 [J]. 安徽大学学报，1993，（3）.

[221] 王淑琴，王立志，单春荣. 多指标综合评价方法研究 [J]. 河北机电学院学报，1994，（4）.

[222] 白雪梅，赵松山. 对主成分分析综合评价方法若干问题的探讨 [J]. 统计研究，1995，（6）.

[223] 于涛. 主成分分析及其算法 [J]. 金筑大学学报（综合版），1996，（2）.

[224] 冯荣耀，上官廷华，柳宏川. 一种基于均方差属性加权的 K-means 算法 [J]. 信息技术，2010，34（3）.

[225] 孙娟. 基于 TOPSIS 和均方差的集成权重法及其应用 [J]. 成都航空职业技术学院学报，2019，35（4）.

[226] 张玉，魏华波. 基于 CRITIC 的多属性决策组合赋权方法 [J]. 统计与决策，2012，（16）.

[227] 张立军，张潇. 基于改进 CRITIC 法的加权聚类方法 [J]. 统计与决

策，2015，（22）.

[228] 丁晓琴，张德生．基于 AHP 和 CRITIC 综合赋权的 K-means 算法 [J].计算机系统应用，2016，25（7）.

[229] 王沛文，林岩．基于 ANP 与模糊 TOPSIS-CRITIC 方法的不确定 多属性决策模型 [J].数学的实践与认识，2021，51（6）.

[230] 王拉娣．城镇商用土地级差收益测算模型探析 [J].技术经济，1998，（10）.

[231] 刘伟，李展，陈浮，等．县域小城镇土地级差收益测算方法研 究——以南京市六合县为例 [J].南京大学学报（自然科学版），1998，（6）.

[232] 葛京凤，杨秀敏．城区土地定级方法及级别结构模式探讨——以 赵县为例 [J].经济地理，1999，（2）.

[233] 何伟，周介铭．城镇土地级差收益测算方法研究——以成都市为 例 [J].四川师范大学学报（自然科学版），2007，（2）.

[234] 武枝，韩凯．基于 ArcGIS 的城镇土地定级研究 [J].地矿测绘，2013，29（4）.

[235] 林坚，楚建群，邹晓云．城镇土地估价的相关技术标准分析—— 《城镇土地估价规程》与《房地产估价规范》比较 [J].中国土地科 学，2003，（5）.

[236] 赵晓铃，耿红，唐旭．城镇基准地价更新方法探讨 [J].国土资源 科技管理，2005，（4）.

[237] 张海荣，李琳琳．城镇土地估价的相关技术标准分析 [J].乡村科 技，2017，（14）.

[238] 李静茹，段岩燕．安全利率加风险调整值法在土地还原利率测算 中的应用——以天津市河西区为例 [J].知识经济，2017，（11）.

[239] 任志远，宋保平，岳大鹏．中国西部城市土地定级估价——探索 与实践 [M].北京：科学出版社，2000.

[240] Nilsson P, Johansson S. *Location determinants of agricultural land prices* [J]. *Review of Regional Research*, 2013, 33（1）.

[241] Alpanda S. *Land and corporate valuation in Japan* [J]. *Journal of Business Strategy*, 2004, 13（9）.

[242] Yasuda S, Lee H. *Land values and the land taxation system in South Korea* [J]. *Annuals of Josai Graduate School of Economics*, 2005, 10（14）.

[243] Bogataj M, Suban D T, Drobne S. *Regression-fuzzy approach to land valuation* [J]. *Central European Journal of Operations Research*, 2011, 19（3）.

[244] Boyd D. *Land value taxation : theory, evidence, and practice, edited by Richard F. Dye and Richard W. England* [J]. *Journal of Regional Science*, 2011, 51（3）.

[245] Mcdonald J F, Mcmillen D P. *Land values, land use and the first Chicago zoning ordinance* [J]. *Journal of Real Estate Finance & Economics*, 1998, 16（2）.

[246] Sunderman M A, Birch J W. *Valuation of land using regression analysis* [J]. *Real Estate Valuation Theory. Springer US*, 2002, 16（5）.